甘肃政法大学丝路法律文库系列丛书为甘肃省级一流学科建设特色成果之一。本书的翻译和出版得到了甘肃省教育厅“双一流”科研重点项目(GSSYLXM-07)的支持。

甘肃政法大学丝路法律文库系列丛书

吉尔吉斯共和国
法律法规选编

曹莉萍　党庶枫——编

法律出版社
LAW PRESS·CHINA
——北京——

图书在版编目(CIP)数据

吉尔吉斯共和国法律法规选编 / 曹莉萍，党庶枫编
. -- 北京 : 法律出版社，2023
(甘肃政法大学丝路法律文库系列丛书)
ISBN 978-7-5197-6380-0

Ⅰ. ①吉… Ⅱ. ①曹… ②党… Ⅲ. ①法律—汇编—吉尔吉斯 Ⅳ. ①D936.409

中国版本图书馆 CIP 数据核字(2022)第 008654 号

吉尔吉斯共和国法律法规选编
JIERJISI GONGHEGUO FALÜ FAGUI XUANBIAN

曹莉萍 党庶枫 编

策划编辑 肖 越
责任编辑 肖 越
装帧设计 汪奇峰

出版发行 法律出版社
编辑统筹 法商出版分社
责任校对 晁明慧 王 皓 郭艳萍
责任印制 胡晓雅
经 销 新华书店

开本 710 毫米×1000 毫米 1/16
印张 11.25 字数 157 千
版本 2023 年 8 月第 1 版
印次 2023 年 8 月第 1 次印刷
印刷 唐山玺诚印务有限公司

地址:北京市丰台区莲花池西里 7 号(100073)
网址:www.lawpress.com.cn
投稿邮箱:info@lawpress.com.cn
举报盗版邮箱:jbwq@lawpress.com.cn
销售电话:010-83938349
客服电话:010-83938350
咨询电话:010-63939796

书号:ISBN 978-7-5197-6380-0
定价:50.00 元
凡购买本社图书,如有印装错误,我社负责退换。电话:010-83938349

Preface 序

自2013年中国国家主席习近平在出访中亚和东南亚国家期间提出“一带一路”倡议以来，“一带一路”建设已成为全球经济发展的重要推动力，其制度建设和发展模式为世界瞩目，被视为全球经济治理的重要组成部分。为确保“一带一路”建设的长期、稳定、健康发展，我国一直努力构建科学的法治保障体系和涉外法治人才培养体系，并在许多方面已取得了一系列的成就。然而“一带一路”沿线国家、地区和国际组织众多，并具有不同的文化、宗教信仰，不同的法律规定与习惯，这增加了法律事务服务的复杂性，需要克服的困难重重。了解“一带一路”沿线国家法律制度的基本情况，是形成多元化法治合作机制、构建“一带一路”法治合作共同体的重要前提。甘肃政法大学积极响应国家政策，并发挥学校地域、学科优势特色，整合校内外资源，共同致力于“一带一路”沿线国家法律制度研究。

甘肃政法大学丝路法律文库系列丛书正是在此背景下应运而生的，系统地开展“丝绸之路经济带”高质量发展的法治保障相关研究。首批丛书着眼于中亚五国的法律法规，所收录的法律法规均围绕中国与中亚五国重点合作领域，主要包括出入境管理、贸易投资、能源环境、知识产权、商事仲裁、人文教育等领域的最新法律法规。系统梳理和编译中亚国家的重点领域法律法规对于中国公民和企业熟悉相关国家法律制度,进而防范风险、解决纠纷不可或缺,对于中国和中亚国家间的人文交流畅通无阻具有重要意义。

众所周知,中亚国家法律法规修改比较频繁,在编译过程中,一些法律法规一修再修,导致丛书稿件也一再修订,也使丛书的出版一再拖延。本丛书的作者——甘肃政法大学涉外法治学院的教师,基于法学学科背景、凭借多种语言优势以及多年的中亚国家区域国别研究的知识积累,力求所编译的法律法规在文字表达上能够尽可能还原中亚国家法律的原义。丛书编译过程中还专门邀请了国内外俄罗斯和中亚国家法律专家对所有编译的条文反复审定,以保障编译的准确性。但受资料、语言和能力等各方面所限,丛书的编译不可避免地存在疏漏和不足,诚请读者指正。

独行快,众行远。法治合作交流是共建"一带一路"共同体的主要方式之一。甘肃政法大学为贯彻实施学校"十四五"发展规划,建设"丝绸之路经济带"沿线国家有较高知名度的高水平政法大学,一直高度重视区域国别法治研究工作,不断提升学校的法治合作国际化水平。希望参与本系列丛书编著的国内外机构携手推动区域国别法治合作交流,构建互知互信、互帮互助、互学互鉴的"一带一路"法治合作共同体,共创法治发展新篇章!

焦盛荣

2023 年 5 月于甘肃政法大学

Preface
前　言

吉尔吉斯共和国，简称吉尔吉斯斯坦，位于中亚东北部（北纬39°11′~43°15′，东经69°16′~80°10′）[①]，西邻乌兹别克斯坦，东邻中国新疆，北邻哈萨克斯坦，南邻塔吉克斯坦和中国新疆，国土面积19.99万平方公里，在世界上排名第85位。吉尔吉斯斯坦边界线总长4675.17公里，与哈萨克斯坦的边界线长1241.58公里，与乌兹别克斯坦的边界线长1378.44公里（371.34公里的边界地段未划界），与塔吉克斯坦的边界线长970.8公里（451.7公里的边界地段未划界），与中国的边界线总长1084.35公里。[②] 森林面积占3.5%[③]，水体面积占4.4%，耕地面积占53.3%，其他土地占36.6%。

吉尔吉斯斯坦地势东高西低，属于山地国家，整个国土处在天山与阿赖山山脉中，90%的国土海拔在1500米以上，大部分国

---

① Шаназаров А. С., Айсаева Ш. Ю., Глушкова М. Ю. Природно-географические и биоклиматические особенности горных территорий Кыргызстана // Ульяновский медико-биологический журнал. — 2011. — С. 60，最后访问日期：2021年12月23日。

② Дуйшеналиев Ч. Д., Государственные границы Кыргызстана. https://cyberleninka.ru/article/n/gosudarstvennye-granitsy-kyrgyzstana/viewer，最后访问日期：2021年12月23日。

③ 截至2017年1月1日。

土海拔在 3800 ~ 4200 米。[1] 境内最高峰汗胜利峰海拔 7439 米。境内伊塞克湖是世界第二大高山湖泊。境内重要河流有纳伦河、楚河、塔拉斯河等。吉尔吉斯斯坦是典型的大陆性气候,大部分地区属于温带,干旱少雨,年均降水量在 300 毫米以下;南部属于亚热带,山区受地形和伊塞克湖影响,有局部的小气候,年均降水量可达 900 毫米以上。

吉尔吉斯斯坦矿产资源较丰富。截至 2014 年 9 月,探明储量的优势矿产有黄金、锑、钨、锡、汞、铀和稀有金属等。其中锑产量居独联体第 1 位、世界第 3 位,锡产量和汞产量居独联体第 2 位,羊毛产量和水电产量居独联体第 3 位。吉尔吉斯斯坦境内得到工业开发的仅是部分矿产资源,许多资源的储量和分布情况仍有待进一步勘探,以确定开发前景。

历史上吉尔吉斯人最初居住在现俄罗斯境内的叶尼塞河上游一带,公元 7 世纪后开始向天山地区迁徙,并逐步形成数十个以血缘为纽带、大小不一的部落。15 世纪后半叶,吉尔吉斯民族基本形成。20 世纪 60 ~ 70 年代成为浩罕汗国的一部分。1891 年沙俄军队征服中亚,吉尔吉斯部落所在地并入俄罗斯帝国版图。1917 年十月革命取得胜利,产生了以列宁为主席的苏维埃政权,即人民委员会。1922 年 12 月 30 日,成立了苏维埃社会主义共和国联盟(简称苏联)。根据俄共(布)中央委员会中亚局通过的《中亚民族国家划界方案》,1924 年成立卡拉吉尔吉斯自治州,1926 年成为吉尔吉斯苏维埃社会主义自治共和国,归属俄罗斯联邦。1936 年 12 月 5 日升格为吉尔吉斯苏维埃社会主义共和国。1991 年苏联解体,吉尔吉斯斯坦于 1991 年 8 月 31 日宣布独立。

根据《吉尔吉斯共和国宪法》[2],吉尔吉斯斯坦是一个建立在法治基础上的主权、民主、世俗的单一制社会国家。总统是吉尔吉斯共和国的国家元首和最高领导。总统确保人民和国家权力的统一。总统是宪法和公民权利及自由的保证人。总统决定国家内外政策的主要方向,确保国家权力的统一、国家机构的协调和互动。总统在国内和国际关系中代表吉尔吉斯共和国,有权采取措施

---

① География Кыргызстана// https://rus. gateway. kg/geografiya-kyrgyzstana/,最后访问日期:2021 年 12 月 23 日。

② 2021 年 5 月 5 日颁布的《吉尔吉斯共和国宪法》。

保护吉尔吉斯共和国的主权和领土完整。年龄在35～70岁,通晓吉尔吉斯语并在吉尔吉斯共和国居住满15年的吉尔吉斯斯坦公民可当选为总统。总统候选人的人数不受限制,每名候选人必须获得至少3万选民的支持。总统通过普选产生,任期6年,不得连任。现任总统为2021年1月10日当选的萨德尔·努尔戈若耶维奇·扎帕罗夫。

吉尔吉斯斯坦议会查卡拉库·凯涅(Jogorku Kenesh)采用一院制,是行使立法权的最高代表机构,由90名代表组成,任期5年,通过选举产生。目前由2020年10月4日当选的第七届议会行使立法权。

吉尔吉斯共和国的行政权由总统行使。内阁的结构和组成由总统决定,内阁主席是总统府的负责人。总统根据宪法管理行政部门的活动,向内阁及其下属机构发出指示,监督其指示的执行,撤销内阁及其下属机构的行为,并暂时免除内阁成员的职务。总统主持内阁会议,总统对内阁和行政部门的活动承担个人责任。内阁由内阁主席、副主席和其他成员组成,并由总统任命。内阁主席根据宪法、宪法性法律和总统令,组织内阁的活动。

依据吉尔吉斯共和国的宪法和法律,司法机构由宪法法院、最高法院和地方法院组成。最高法院是民事、刑事、行政和其他案件的最高司法机构,依据法律规定的程序对上诉的案件作出终局裁判。最高法院全体会议对司法实践问题作出的解释,对吉尔吉斯共和国所有法院和法官具有约束力。在吉尔吉斯共和国,宪法法院也是最高司法机关,通过宪法程序行使宪法监督权,以保护宪法秩序的基础,维护基本人权以及公民权利和自由,确保宪法至高无上的法律地位。宪法法院的裁决是终局的,不得上诉。

吉尔吉斯斯坦的法律体系属于大陆法系,其经历了三个发展阶段。第一阶段(1920年以前),习惯法和穆斯林法时期;第二阶段(20世纪20年代至80年代末),苏联社会主义法时期;第三阶段(20世纪90年代初以来),吉尔吉斯斯坦的法律制度发生了根本性的转变,意识形态和政治的多元化、以社会为导向的市场经济导致法律扩大了对个人权利和自由的保障。至2000年,吉尔吉斯斯坦基本建立了完整的现代法律体系,出台了一系列新法:《海关法典》(1992)、《林业法典》(1993)、《仲裁程序法典》(1996)、《税法典》(1996)、《民法典》(1996)、《劳动法典》(1997)、《刑法典》(1997)、《行政责任法典》(1998)、《刑事诉讼法》(1999)、《民事诉讼法》(1999)、《刑事执行法》(1999)、《土地法》(1999)。

吉尔吉斯斯坦的主要法律渊源是法律法规,按照法律效力的高低位阶依次为:宪法、宪法性法律、议会查卡拉库·凯涅制定的法律、吉尔吉斯共和国总统令、政府法令、部委与国家委员会同国家财产基金和行政部门的法规、地方政府和自治机构的决议。

根据《吉尔吉斯共和国宪法》第 85 条,吉尔吉斯共和国提出立法议案的权利属于 10,000 名选民(大众倡议)、总统;查卡拉库·凯涅的代表、内阁主席、最高法院就其管辖范围内的问题可提出立法议案;人民库鲁尔泰(Kurultai)、总检察长就其管辖范围内的问题可以提出立法议案。

关于国际条约的适用,如果吉尔吉斯共和国的法律或其他规范性法律法规与按照法定程序或公认的国际法规范缔结的国际条约不一致,则适用条约确立的规则和规范。缔结、退出和执行国际条约的程序由《吉尔吉斯共和国国际条约法》规定。

吉尔吉斯斯坦的行政区划分为 7 州:楚河州、奥什州、塔拉斯州、贾拉拉巴德州、伊塞克湖州、纳伦州、巴特肯州;2 市:比什凯克市、奥什市。首都比什凯克是全国政治、经济、文化中心,也是共和国人口最多的城市,2020 年年初常住人口为 1,053,900 人[①]。第二大城市奥什历史悠久,是丝绸之路的重镇。

截至 2020 年年底,吉尔吉斯斯坦人口约为 650 万,人口增长率 2.1%。[②] 城镇人口约占全国总人口的 1/3,人口相对较为年轻,65 岁以上老龄人口的比例为 5.3%。吉尔吉斯斯坦全国有 80 多个民族,主要民族有吉尔吉斯族(73.3%)、乌兹别克族(14.6%)、俄罗斯族(5.6%)、东干族(1.1%)等。88%

---

① Report for Selected Countries and Subjects, IMF, https://www.imf.org/en/Publications/WEO/weo-database/2020/October/weo-report?c=512,612,911,912,419,611,469,915,429,433,439,916,443,917,446,672,682,686,449,564,453,456,726,732,463,923,744,925,466,927,487,474,&s=NGDPD,PPPGDP,NGDPDPC,PPPPC,&sy=2018&ey=2025&ssm=0&scsm=1&scc=0&ssd=1&ssc=0&sic=0&sort=country&ds=,&br=1,最后访问日期:2021 年 12 月 23 日。

② 世界银行在线数据库:https://data.worldbank.org.cn/,最后访问日期:2021 年 12 月 23 日。

的居民信仰伊斯兰教，多数属于逊尼派。国语为吉尔吉斯语，通用俄语。

受到新冠肺炎疫情的影响，吉尔吉斯斯坦经济总体上呈负增长趋势，2020年国内生产总值（GDP）总额为5983.4亿索姆，下降了12.7%[①]，这是25年（1995~2020年）来国内生产总值的首次下降。第一、二、三产业值占GDP的比重分别为14.6%、31.8%、53.6%[②]，通货膨胀率为6.3%。[③]

2020年1~12月吉尔吉斯斯坦对外贸易总额为56.48亿美元，比2019年减少19.0%[④]，呈现贸易逆差。其中，出口额为19.64亿美元，占比34.8%，比2019年下降1.1%；进口额36.84亿美元，占比65.2%，比2019年下降26.2%。[⑤] 按照出口贸易占比，主要的出口贸易伙伴依次为：英国（50.4%）、哈萨克斯坦（15.0%）、俄罗斯（12.3%）、乌兹别克斯坦（7.8%）、土耳其（3.8%）、中国（2.2%）、塔吉克斯坦（1.4%）。[⑥]出口的主要产品有：黄金、牲畜、棉花和牛奶等农副产品、烟草及其制品、铁和铜等矿产品、贵金属矿石、机械设备及零配件、塑料等。主要的进口国有：俄罗斯（35.7%）、中国（20%）、哈萨克斯坦（13.6%）、土耳其（5.3%）、乌兹别克斯坦（5.1%）、美国（3.3%）、德国（1.4%）和乌克兰（1.4%）。[⑦] 进口的主要产品有：石油产品、煤炭、化肥、小麦、服装、鞋类等。

根据吉尔吉斯斯坦国家统计委员会的初步数据，与2019年同期相比，2020年1~9月外国直接投资流入量下降了30.9%，为3.98亿美元。[⑧] 大部分外国直接投资（90.0%）流向制造业、采矿、地质勘探、金融中介和保险以及信

① 世界银行在线数据库：https://data.worldbank.org.cn/，最后访问日期：2021年12月23日。

② 同上。

③ 《吉尔吉斯共和国2020年社会经济发展报告》（俄文版），http://mineconom.gov.kg/froala/uploads/file/5877c54bd3c80c249f89a6ba39d0ca.pdf，最后访问日期：2021年12月23日。

④ 亚洲开发银行主要指标数据库：https://kidb.adb.org/economies/kyrgyz-republic，最后访问日期：2021年12月23日。

⑤ 同上。

⑥ 亚洲开发银行主要指标数据库：https://kidb.adb.org/economies/kyrgyz-republic，最后访问日期：2021年12月23日。

⑦ 同上。

⑧ 《吉尔吉斯共和国社会经济发展报告2020》（俄文版），载吉尔吉斯共和国经济与商务部网，http://mineconom.gov.kg/froala/uploads/file/5877c54bd3c80c249f89a89a6ba18d5f6a39d0ca.pdf，最后访问日期：2021年12月23日。

息和通信。[①] 就外国直接投资而言，按照投资流量占比依次为：中国(28.5%)、加拿大(21.7%)、荷兰(11.9%)、瑞士(7.1%)、土耳其(6.9%)和英国(5.8%)。[②] 与2019年同期相比，独联体国家的外国直接投资流入量减少了28.4%，是因为俄罗斯减少了40.0%的电力、天然气、蒸汽和空调及制造业的供应量；乌兹别克斯坦的外国直接投资流入量减少了44.4%(批发和零售业)。[③] 与此同时，哈萨克斯坦的投资增长了9.0%(采矿)，阿塞拜疆的投资增长了1.8倍(批发和零售贸易)。[④] 2020年1~9月的外国直接投资流出量增加了1.4倍，达到7.19亿美元，且流出量超过流入量3.21亿美元。[⑤]

① 《吉尔吉斯共和国社会经济发展报告2020》(俄文版)，载吉尔吉斯共和国经济与商务部网，http://mineconom.gov.kg/froala/uploads/file/5877c54bd3c80c249f89a89a6ba18d5f6a39d0ca.pdf，最后访问日期：2021年12月23日。

② 《吉尔吉斯共和国社会经济发展报告2020》(俄文版)，载吉尔吉斯共和国经济与商务部网，http://mineconom.gov.kg/froala/uploads/file/5877c54bd3c80c249f89a89a6ba18d5f6a39d0ca.pdf，最后访问日期：2021年12月23日。

③ 《吉尔吉斯共和国社会经济发展报告2020》(俄文版)，载吉尔吉斯共和国经济与商务部网，http://mineconom.gov.kg/froala/uploads/file/5877c54bd3c80c249f89a89a6ba18d5f6a39d0ca.pdf，最后访问日期：2021年12月23日。

④ 《吉尔吉斯共和国社会经济发展报告2020》(俄文版)，载吉尔吉斯共和国经济与商务部网，http://mineconom.gov.kg/froala/uploads/file/5877c54bd3c80c249f89a89a6ba18d5f6a39d0ca.pdf，最后访问日期：2021年12月23日。

⑤ 《吉尔吉斯共和国社会经济发展报告2020》(俄文版)，载吉尔吉斯共和国经济与商务部网，http://mineconom.gov.kg/froala/uploads/file/5877c54bd3c80c249f89a89a6ba18d5f6a39d0ca.pdf，最后访问日期：2021年12月23日。

目　　录

Contents

Chapter 1 第一章

国际条约法

第一节 法律概况

一、《吉尔吉斯共和国国际条约法》的历史沿革

吉尔吉斯共和国独立30年以来，积极参与国际事务，得到了约200个国家的承认，与约100个国家建立了外交关系，并成为包括联合国在内的60多个国际组织的成员，缔结了约4000项国际条约，承担了某些国际义务。在履行国际条约义务上，吉尔吉斯共和国通过立法确立了具体的程序。

1993年5月5日，吉尔吉斯共和国最高委员会第十二届会议通过了该国独立后的第一部新宪法，首次确定了国际法律规范在吉尔吉斯共和国法律体系中的地位。随后，吉尔吉斯共和国于1999年7月颁布了《吉尔吉斯共和国国际条约法》。根据该法，吉尔吉斯共和国按照法定程序缔结的国际条约，以及公认的国际法原则和规范是吉尔吉斯共和国法律体系的组成部分。吉尔吉斯共和国提倡严格遵守国际法规则并真诚地履行国际义务。

根据现行《吉尔吉斯共和国宪法》(2021)第6条，公认的国际法原则和规范，以及依据吉尔吉斯共和国法定程序生效的国际条

约,是吉尔吉斯共和国法律体系的组成部分。因此,国际条约在吉尔吉斯共和国法律体系中的作用和地位与吉尔吉斯共和国的立法具有同等的重要性和效力。国际条约以及公认的国际法原则和规范的适用程序和条件由法律确定。吉尔吉斯共和国国际条约的适用问题在民法典、劳动法典等部门法中都有所规定。例如,《吉尔吉斯共和国民法典》(1996)第2条规定,民事法律体系包括民法典、根据民法典制定的法律和其他规范性法律文件,以及按照法定程序生效的调整民事法律关系的吉尔吉斯共和国国际条约。《吉尔吉斯共和国劳动法典》(2004)第3条规定,吉尔吉斯共和国批准的国家间条约和其他国际法规则是吉尔吉斯共和国法律的组成部分,可直接适用。

二、《吉尔吉斯共和国国际条约法》的主要内容

现行的《吉尔吉斯共和国国际条约法》于2014年4月24日颁布实施,历经2015年6月、2017年3月两次修订,规定了吉尔吉斯共和国缔结、执行、中止和退出国际条约的程序,适用于吉尔吉斯共和国签订的所有国际条约,无论其类型、形式和名称如何。该法共6章42条,主要内容包括:一般规定;国际条约的缔结和生效程序;国际条约的公布、登记和保管;国际条约的遵守和履行;国际条约的无效、中止与废止;附则。

吉尔吉斯共和国与外国、国际组织和其他国际法主体缔结的国际条约可分为国家间国际条约、政府国际条约、议会间国际条约和部门间国际条约。吉尔吉斯共和国同意受国际条约约束,可根据具体情况以不同方式表达,包括:签署条约、交换形成国际条约的照会或信函、批准条约;加入条约;核准条约以及使用与国际条约的其他缔约方商定的任何其他表示同意的方式。吉尔吉斯共和国通过转化的方式适用对本国有效的国际条约。具体而言,吉尔吉斯共和国法院在作出判决时若要适用国际条约的规则,应当适用依据条约转化后的国内立法。最高法院宪法法庭根据规定可以对尚未在吉尔吉斯共和国生效的国际条约是否符合宪法进行审议。如果国际条约的规范与吉尔吉斯共和国的法律规范发生冲突,吉尔吉斯共和国的国家机构为解决这些冲突,可以向吉尔吉斯共

和国总统或政府提交必要的法律法规的修订、增补意见或草案的提案。如果国际条约中含有需要对宪法的某些条款进行修改的规定,只有在按规定的方式对宪法进行适当的修改后,才可以法律的形式作出关于同意该条约对吉尔吉斯共和国具有约束力的决定。政府对吉尔吉斯共和国履行国际条约义务的情况进行监督。若吉尔吉斯共和国缔结的国际条约不符合国际法所规定的条约成立的实质要件,则条约无效。根据国际法律规则,吉尔吉斯共和国可以中止或废止(终止、退出)国际条约。

根据《吉尔吉斯共和国国际条约法》,缔结国家间或政府间国际条约的提案由有关的部委、国家委员会和行政部门,以及吉尔吉斯共和国的其他相关国家机构(其职权包括国家间和政府间国际条约规定的问题),经总理同意后向总统提交,或向政府提交。国际条约草案的核准决定由总统与总理协商后以总统令的形式作出,或由政府以政府令的形式作出。总统、总理、外交部长及驻外国外交使团团长和常驻国际组织代表团团长有权在无须全权证书的情况下,参与国家间国际条约的谈判与签署。缔结议会间或部门间国际条约的提案,则由有关部门向议会或政府提交,其缔结程序由议会或政府决定。

吉尔吉斯共和国依据相关国际法规则,加入已存在的某项国家间或政府间国际条约时,其加入提案由相关部门向政府提出。须经批准的条约的加入决定,由议会以法律的形式作出,随后交总统签署。其他条约的加入决定由政府通过规范性法律文件的形式作出,并由授权外交机构签发加入书,最后由授权的外交机构或其代表向保管机关交存加入书。

根据《吉尔吉斯共和国国际条约法》,下列国家间或政府间国际条约,在缔结或加入时须予以批准:关于友好、互助以及关于国家间关系的其他基础的条约;关于建立军事领域合作的条约;关于裁军的条约;关于确保国际和平与安全的条约;关于集体安全的条约;关于吉尔吉斯共和国边界的条约,吉尔吉斯共和国与其他国家的领土划界的条约;关于吉尔吉斯共和国向外国提供国家贷款、经济和其他援助的条约;关于影响基本人权和公民权利与自由的条约;关于吉尔吉斯共和国参加国家间联盟、国际组织和其他国家间协会的国际条约;关于其他国际法主体对吉尔吉斯共和国自然资源使用的条约;关于向吉尔吉斯共和国提供贷款的条约;关于向吉尔吉斯共和国提供赠款和其他财政援助的条约;包含需要对宪法的某些条款进行修改的条约;国际条约规定须批准的。

批准吉尔吉斯共和国缔结或加入的国家间或政府间条约的提案由有关的部委、国家委员会和行政部门,以及吉尔吉斯共和国的其他相关国家机构(其职权包括国家间和政府间国际条约规定的问题),在与授权的外交机构达成一致后,向政府提交。该提案经政府批准后提交议会,由议会以法律的形式作出,随后交总统签署,并由授权外交机构签发批准书,且根据相关规定交换批准书;最终由授权的外交机构或其代表向保管机关交存批准书。

根据《吉尔吉斯共和国国际条约法》,国家间和政府间国际条约或其部分条款在生效之前,可由吉尔吉斯共和国依据国际法暂时适用。国际条约按照规定的程序和条件以及国际法律规范对吉尔吉斯共和国生效。

吉尔吉斯共和国在签署、批准、核准多边国际条约或加入国际条约时,可以按照国际法的有关规定提出保留,但须经吉尔吉斯共和国批准或核准,并在相关的规范性法律文件中作出规定。保留可以在任何时候按照提出保留的顺序撤回。吉尔吉斯共和国国际条约的核准、登记与保管由授权的外交机构以政府确定的程序进行。

第二节　法律文本

吉尔吉斯共和国法律

2014 年 4 月 24 日第 64 号

吉尔吉斯共和国国际条约法

（根据吉尔吉斯共和国 2015 年 6 月 9 日第 126 号、

2017 年 3 月 27 日第 51 号法律修订）

吉尔吉斯共和国的国际条约是吉尔吉斯共和国国际关系的法律基础。

吉尔吉斯共和国国际条约以法律规定的程序生效。该条约和公认的国际法原则和规范是吉尔吉斯共和国法律体系的组成部分。

第一章　一般规定

第 1 条　该法的目标和范围

1. 该法规定了吉尔吉斯共和国缔结、执行、中止和退出国际条约的程序。

吉尔吉斯共和国根据公认的国际法原则和规范、《吉尔吉斯共和国宪法》（以下简称《宪法》）、吉尔吉斯共和国法规以及国际条约本身的规定来缔结、执行、中止和退出国际条约。

2. 本法规定的吉尔吉斯共和国缔结、执行、中止和退出国际条约的程序，适用于吉尔吉斯共和国的所有国际条约，无论其类型、形式和名称如何。

第 2 条　用语定义

在本法中，使用了如下术语：

吉尔吉斯共和国国际条约——根据吉尔吉斯共和国的法律和其他法规生效的国际条约，吉尔吉斯共和国是该条约的缔约国，该条约是吉尔吉斯共和国与一个或多个国家、国际组织或其他国际法主体就国际关系领域的权利和义务达成的平等自愿协议；

缔结——是指为拟订国际条约草案，然后通过该草案来确定国际条约的准确性，并表示同意其具有约束力而采取的一系列行动；

签署——指确立国际条约文本的准确性（确立国际条约的最终形式和内容）或表示同意接受国际条约约束的一项程序，具体视情况而定；

国内程序——指批准、加入或核准一项国际条约；

批准、加入或核准——表示吉尔吉斯共和国同意接受国际条约约束的程序，具体视情况而定；

全权证书——由吉尔吉斯共和国授权的机构或国家主管部门颁发的文书，通过该文件任命一人或几人代表吉尔吉斯共和国，以便：

——谈判；

——议定国际条约草案；

——认证国际条约约文；

——表示同意接受国际条约的约束；

——完成有关国际条约的任何其他行为；

草签——指对最终批准国际条约草案的证明，由国际条约缔约方的授权人员将其姓名的首字母签在每页约文上的或以其他商定方式表示；

国际条约缔约方——视具体情况而定，指参与拟订国际条约草案、通过或确定国际条约案文真实性的国际法主体，或国际条约成员方；

作准文本——是指同一国际条约的文本，以不同语言拟订，但具有相同的法律效力；

条约的保留——指国际条约缔约方在签署（确定国际条约文本的真实性）时或在表示同意接受国际条约约束时作出的单方面声明，通过该声明表示排除或变更国际条约的某些条款对缔约方适用的法律效果；

国际组织——指根据国际条约而建立的国家间、政府间组织；

条约的保管机关——指保存国际条约原件，并履行国际法规定的与本条约有关职能的国家、国际组织的负责人或其授权机构；

废止（终止、退出）——根据国际法，终止条约所规定的条约缔约方之间的权利和义务；

加入书、批准书——证明吉尔吉斯共和国分别以加入或批准的方式表示同意接受国际条约约束的特别文件。

第3条　吉尔吉斯共和国缔结的国际条约的名称和类型

1. 吉尔吉斯共和国缔结的国际条约可称为条约、协定、公约、议定书，也可有其他名称。

2. 吉尔吉斯共和国缔结的国际条约按照参与方的数量可分为双边和多边条约。

在有效期方面，吉尔吉斯共和国的国际条约细分为有期限条约和无期限条约。

3. 吉尔吉斯共和国与外国、国际组织和其他国际法主体以下列名义缔结国际条约：

1）吉尔吉斯共和国——国家间国际条约；

2）吉尔吉斯共和国议会（以下简称议会）——议会间国际条约；

3）吉尔吉斯共和国政府（以下简称政府）——政府间国际条约；

4）吉尔吉斯共和国各部、国家委员会和行政部门以及其他相关国家机关——部门间国际条约。

第4条　吉尔吉斯共和国缔结的国际条约的语言和形式

1. 吉尔吉斯共和国以吉尔吉斯共和国的官方语言缔结国际条约，在某些情况下——以吉尔吉斯共和国的官方语言和（或）国际条约其他缔约方的语言缔结国际条约。

国际条约以书面形式缔结。

经缔约方同意，国际条约可以其他语言缔结。

起草国际条约文本所用的语言在该条约文本中注明。

如果一项国际条约是在某一国际组织内缔结的，吉尔吉斯共和国则以该国际组织的工作语言或国际组织成员方议定的语言来缔结此条约。

2. 如果需要将国际条约或其草案翻译成国家和/或官方语言，则由提出缔结条约提案的国家机构进行翻译。

第 5 条 吉尔吉斯共和国同意接受国际条约约束的方式

1. 吉尔吉斯共和国同意接受国际条约的约束可通过以下方式表示：

1) 签署国际条约（对于不需要批准或核准的国际条约而言）；

2) 交换形成国际条约的照会或信函；

3) 批准国际条约；

4) 加入国际条约；

5) 核准国际条约；

6) 使用与国际条约其他缔约方议定的任何其他表示同意的方式。

2. 吉尔吉斯共和国授权的国家公务人员或国家机关根据《宪法》、本法和吉尔吉斯共和国其他法律法规规定的权限，表示同意接受国际条约对吉尔吉斯共和国的约束。

吉尔吉斯共和国通过颁布适当的法律法规履行对经批准、加入或核准方式同意接受的国际条约的义务。

第二章 吉尔吉斯共和国国际条约缔结和生效的程序

第 6 条 关于缔结国际条约的提案

1. 关于缔结国家间国际条约的提案由有关部委、国家委员会和行政部门以及吉尔吉斯共和国的其他相关国家机构向吉尔吉斯共和国总统（以下简称总统）提交，其职权范围包含此类国际条约规定的问题，但本条第 4 款规定的国家机构除外，并须经吉尔吉斯共和国总理（以下简称总理）同意。

2. 关于缔结议会间国际条约的提案由议会代表、有关部委、国家委员会和行政部门以及吉尔吉斯共和国其他有关国家机构向议会提交。

议会间国际条约的缔结程序由议会通过适当的决议确定。

3. 关于就属于政府职权范围的问题缔结政府间国际条约和国家间国际条约的提案由有关部委、国家委员会和行政部门以及吉尔吉斯共和国其他有关国家机构向政府提交，其职权范围包含此类国际条约规定的问题，但本条第 4 款所述国家机构除外。

4. 议会和吉尔吉斯共和国最高法院(以下简称最高法院)代表的司法机关可以建议:

1)总统审议缔结国家间国际条约的问题;

2)总理考虑就属于政府职权范围内问题缔结政府间国际条约或国家间国际条约的问题。

5. 缔结国家间或政府间国际条约的提案分别提交总统或政府时,必须附上:

1)国际条约草案;

2)缔结条约的理由,进一步执行国际条约的机制;

3)全权证书(外交事务的授权);

4)经授权的司法机构对国际条约草案是否符合吉尔吉斯共和国法律法规的评估;

5)经授权的金融机构对缔结国际条约可能产生的财政后果的评估;

6)吉尔吉斯共和国有关部委、国家委员会和行政部门对国际条约可能产生的后果的评估;

7)证明与议会相关委员会就以下事项达成协议的文件:

a)须经议会随后批准的双边国际条约草案;

b)须经议会随后批准的多边国际条约草案,其条款禁止宣布保留或只允许宣布某类保留;

c)吉尔吉斯共和国法律规定的其他文件。

6. 吉尔吉斯共和国有关部委、国家委员会和行政部门以及吉尔吉斯共和国其他有关国家机关就其职权范围内的问题向政府提交关于缔结吉尔吉斯共和国部门间国际条约的提案,并取得授权的外交机关的同意后,提交政府批准。

缔结、执行、中止和废止(终止、退出)部门间国际条约的程序由政府决定。

第7条　协调关于缔结国家间和政府间国际条约的提案

1. 国家间和政府间国际条约的草案和关于缔结这些条约的提案在提交给总统和政府之前,由主管国家机关与有关部委、国家委员会和行政部门以及吉尔吉斯共和国其他有关国家机关就其职权范围内的问题进行协调,同时遵守本条第 2 款的规定。

2. 以下文件送交议会，供相关委员会批准：

双边国家间或政府间国际条约草案，随后须经议会批准；

1）照会或信函及（或）其草案——如果国家间或政府间国际条约是通过交换照会或信函形成的国际条约，须经议会随后批准；

2）多边国家间或政府间国际条约草案，其条款禁止宣布保留或只允许宣布某类保留的，须经议会随后批准。

上述文件与其他根据《吉尔吉斯共和国议会条例》要求的文件一起送交议会的相关委员会。

3. 如果总统或总理同意本法第 6 条第 4 款规定的吉尔吉斯共和国国家机关的建议，总统或总理将委托各部委、国家委员会、行政部门制定和批准有关国际条约的草案，并根据本条第 1 款和第 2 款的规定提出缔结条约的提案。根据总统或总理的建议，将上述制定和批准工作交给吉尔吉斯共和国的其他有关国家机关，其职权范围包括这些国际条约所规定的问题。

4. 吉尔吉斯共和国各部委、国家委员会和行政部门以及其他国家机关，获得授权的外交机关的同意后，与外国或国际组织的有关机构协商拟订国际条约草案。

（根据吉尔吉斯共和国 2015 年 6 月 9 日第 126 号法律修正）

第 8 条 关于核准国家间和政府间国际条约草案的决定

1. 关于批准属于总统职权范围内的国家间国际条约草案的决定，由总统与总理协商后以总统令的形式作出。

2. 关于批准属于政府职权范围内的政府间国际条约草案和国家间国际条约草案的决定，由政府以政府令的形式作出。

3. 对于吉尔吉斯共和国拟通过交换信函或照会形成国家间和政府间国际条约草案的，总统或政府在其职权范围内以命令的形式作出决定，批准吉尔吉斯共和国相应信函或照会。

4. 批准国际条约草案（吉尔吉斯共和国拟通过交换信函或照会形成国家间和政府间的国际条约草案）的决定，也是签署这一国际条约的决定。

（根据吉尔吉斯共和国 2015 年 6 月 9 日第 126 号法律修订）

第 9 条　国家间和政府间国际条约的谈判、起草和签署

1. 总统作为国家元首，根据《宪法》和国际法，在没有全权证书的情况下参与国家间国际条约的谈判，并参照本法第 8 条第 1 款的要求，签署条约。

2. 总理作为政府首脑，根据国际法，在没有全权证书的情况下参与谈判及国家间和政府间国际条约的签署。

3. 外交部长有权根据国际法，在没有全权证书的情况下，谈判和签署国际条约。

4. 吉尔吉斯共和国驻外国外交使团团长、吉尔吉斯共和国常驻国际组织代表团团长有权根据授权的外交机构的指示，在没有全权证书的情况下，与东道国或在该国际组织框架内谈判，并缔结国际条约。

第 10 条　谈判、起草或签署国际条约的权力

1. 谈判权的授予：

1）关于总统职权范围内的国家间国际条约草案——由总统授权；

2）关于政府间国际条约草案，以及属于政府职权范围的国家间国际条约草案——由总理授权。

2. 起草或签署权力的授予：

1）关于总统职权范围内的国家间国际条约——经总理同意后由总统以命令的形式作出；

2）关于政府间国际条约草案，以及属于政府职权范围的国家间国际条约草案——由政府以命令的形式作出。

第 11 条　须批准的国际条约

1. 吉尔吉斯共和国授权国家公务人员签署的或在国际会议上表决通过的下列国家间和政府间国际条约必须得到批准：

1）关于国家间友好、互助以及其他关于国家间关系基础的条约；

2）关于建立军事合作的条约；

3）关于裁军的条约；

4）关于确保国际和平与安全的条约；

5)关于集体安全的条约；

6)关于吉尔吉斯共和国的边界条约,吉尔吉斯共和国与其他国家的领土划界条约；

7)关于吉尔吉斯共和国向外国提供国家贷款、经济和其他援助的条约；

8)关于影响基本人权和公民权利与自由的条约；

9)关于吉尔吉斯共和国参加国家间联盟、国际组织和其他国家间协会的国际条约,若条约规定吉尔吉斯共和国让渡部分权力,或者规定机构的决定对吉尔吉斯共和国有法律约束力；

10)关于其他国际法主体对吉尔吉斯共和国自然资源使用的条约；

11)关于向吉尔吉斯共和国提供贷款条约；

12)关于向吉尔吉斯共和国提供赠款和其他财政援助的条约,如果其内容涉及本条第 14 款的规则；

13)规定吉尔吉斯共和国的财政义务,并导致共和国预算开支增加或收入减少的条约；

14)在不违反本法第 21 条的情况下,制定吉尔吉斯共和国宪法性法律、法典或法律以外的规则；

15)国际条约规定须批准的。

2. 同样,吉尔吉斯共和国须批准的国家间和政府间的国际条约是缔约各方根据国际法议定须经批准的条约。

3. 无须吉尔吉斯共和国批准的条约：

1)(根据吉尔吉斯共和国 2015 年 6 月 9 日第 126 号法律失效)*

2)议会间国际条约；

3)部门间国际协议。

4. 本条第 3 款规定的吉尔吉斯共和国缔结的国际条约不应包含须经吉尔

---

* 吉尔吉斯共和国在法律的修订中会将废止的条款删除,但同时保留废止的法律依据作为说明,譬如,本款是根据吉尔吉斯共和国 2015 年 6 月 9 日第 126 号法律废止,而对于原条款不再保留,这是俄罗斯和中亚国家立法体例的特殊现象,与我国立法体例大有不同。本法律汇编基于尊重法律原文,在全文一律遵照原文,不保留已废止的条款,特此说明。——编者注

吉斯共和国批准的法律规范。

(根据吉尔吉斯共和国 2015 年 6 月 9 日第 126 号法律修订)

第 12 条 关于批准国际条约的提案

1. 除本法第 6 条第 4 款规定的国家机构外,有关的部委、国家委员会和行政部门,以及吉尔吉斯共和国的其他相关国家机构(其职权包括国家间和政府间国际条约规定的问题),在与授权的外交机构达成一致后,向政府提出批准这些国际条约的提案。

2. 批准国家间和政府间国际条约的提案,经政府批准后,根据吉尔吉斯共和国的相关法律规定提交给吉尔吉斯共和国议会。

3. 批准国家间和政府间国际条约的提案必须附有:

1) 经授权的外交机构核准的国际条约文本副本(从多边国际条约的保管机构收到的核准副本)。

经授权的外交机构核准的照会或信函的副本——如果国际条约是通过交换照会或信函形成国际条约而缔结的;

2) 批准国际条约的正当理由;

3) 批准有关法律法规的草案;

4) 根据吉尔吉斯共和国法规规定的其他文件。

4. 批准国家间和政府间国际条约的提案在提交政府之前,由国家主管机构与有关部委、国家委员会和行政部门以及吉尔吉斯共和国其他有关国家机构就其职权范围内的问题进行协调。

(根据吉尔吉斯共和国 2015 年 6 月 9 日第 126 号法律修订)

第 13 条 关于批准国际条约的决定

批准国际条约的决定由吉尔吉斯共和国议会以法律(批准法)的形式作出,随后由总统根据吉尔吉斯共和国的法律法规签署。

关于批准建立或改变吉尔吉斯共和国边界的国际条约的决定,由吉尔吉斯共和国议会以法律(批准法)的形式,在进行不少于三次宣读,并经议会代表总数的三分之二以上多数票通过后作出。

第 14 条　批准书

如果吉尔吉斯共和国缔结的国际条约以及根据后续颁布的吉尔吉斯共和国关于批准该国际条约的法律对批准书作出规定,授权的外交机构将签发批准书,该批准书由总统签署并加盖总统印章,随后由授权的外交机构负责人签署并加盖印章。

第 15 条　交换批准书和交存批准书

如果吉尔吉斯共和国缔结的国际条约的条款有交换批准书的规定,以及根据后续颁布的吉尔吉斯共和国关于批准该国际条约的法律规定,则需交换批准书,并由授权的外交机构或其代表——吉尔吉斯共和国驻国际组织的外交使团或常驻代表团向保管机关交存批准书。

批准书的核实和登记由授权的外交机构进行。

第 16 条　关于吉尔吉斯共和国加入国家间和政府间国际条约的提案

1. 吉尔吉斯共和国加入国家间和政府间国际条约的提案由有关部委、国家委员会和行政部门以及吉尔吉斯共和国的其他有关国家机构,在其职权符合国际条约规定事项的情形下向政府提出,但本条第 5 款规定的国家机构除外。

2. 关于吉尔吉斯共和国加入含有本法第 11 条第 1 款规定的国家间和政府间国际条约的提案,经政府批准后,由政府根据吉尔吉斯共和国的法律规定提交给议会。

3. 在向政府提交关于吉尔吉斯共和国加入国家间或政府间国际条约的提案时,必须附上:

1)经授权的外交机构核准的国际条约的副本(从多边国际条约的保管机构收到的核准副本);

2)加入的正当理由以及进一步执行国际条约的机制;

3)所需的与条约相衔接的相关法规草案;

4)全权证书;

5)经授权的司法机构对国际条约是否符合吉尔吉斯共和国法律法规的评估;

6）经授权的金融机构对加入国际条约可能产生的财政后果的评估；

7）吉尔吉斯共和国有关部委、国家委员会和行政部门对加入一项国际条约可能产生的后果的评估；

8）吉尔吉斯共和国法规规定的其他文件。

4. 关于吉尔吉斯共和国加入国家间和政府间国际条约的提案，在提交政府之前，由主管国家机关（本条第 5 款规定的国家机关除外）与有关部委、国家委员会和行政部门，以及吉尔吉斯共和国其他有关国家机关就其职权范围内的问题进行协调。

5. 议会和最高法院代表的司法机关可建议：

1）总统审议吉尔吉斯共和国加入国家间国际条约的问题；

2）总理考虑就属于政府职权范围内问题加入政府间国际条约或国家间国际条约的问题。

6. 如果总统或总理同意本条第 5 款规定的吉尔吉斯共和国国家机关的建议，总统或总理指示政府、部委、国家委员会、行政部门根据本条第 4 款制定和批准吉尔吉斯共和国加入有关国际条约的提案以便随后提交，或者根据总统或总理的建议，将上述制定和批准工作交由吉尔吉斯共和国符合国际条约规定事项的职权的其他有关国家机关。

第 17 条 吉尔吉斯共和国加入国家间和政府间国际条约

关于吉尔吉斯共和国加入国际条约的决定如下：

1）对于包含本法第 11 条第 1 款规定的条款的国家间和政府间国际条约，由吉尔吉斯共和国议会以法律（加入法）的形式作出，随后由总统根据吉尔吉斯共和国的法律规定签署；

2）关于其他国家间和政府间的国际条约——由政府通过规范性法律文件的形式作出。

第 17－1 条 加入书与交存保管机关

1. 如果吉尔吉斯共和国加入的国家间或政府间国际条约，以及吉尔吉斯共和国的法律或政府关于加入该国际条约的决议对加入书有规定，由授权的外交机构签发加入书，由总统签字并加盖总统印章，随后由授权的外交机构负责人签字盖章。

2. 如果吉尔吉斯共和国加入的国家间或政府间国际条约,以及吉尔吉斯共和国的法律或政府关于加入该国际条约的决议对交存保管有规定,加入书由授权的外交机构或其代表——吉尔吉斯共和国驻国际组织的外交使团或常驻代表团交存于保管机关。

3. 加入书的核实和登记由授权的外交机构进行。

(根据吉尔吉斯共和国 2015 年 6 月 9 日第 126 号法律修订)

第 18 条 关于核准无须批准国际条约的决定

1. 政府以决议的形式作出批准国际条约的决定。

2. 须经批准的情形:

1)吉尔吉斯共和国授权的国家公务人员签署的国家间和政府间国际条约,无须批准,但规定执行国内程序或必须予以批准的须经批准;

2)吉尔吉斯共和国授权的国家公务人员签署的部门间国际条约,规定执行国内程序或须予以批准的须经批准。

3.(根据吉尔吉斯共和国 2015 年 6 月 9 日第 126 号法律废止)

4. 批准国际条约的提案的提交方式与本法第 12 条第 1、3、4 款规定的方式相同。

(根据吉尔吉斯共和国 2015 年 6 月 9 日第 126 号法律修订)

第 18-1 条 吉尔吉斯共和国缔结的某一类国际条约生效所需履行的国内程序的特殊性

吉尔吉斯共和国相关部委、国家委员会和行政部门以及其他相关国家机构(其职权范围涵盖国家间和政府间国际条约规定事项)在政府规定的期限内对某类国际条约提出批准或核准建议。

(根据吉尔吉斯共和国 2017 年 3 月 27 日第 51 号法律修订)

第 19 条 最高法院宪法法庭审议尚未对吉尔吉斯共和国生效的国际条约是否符合《宪法》的问题

最高法院宪法法庭根据《最高法院宪法法庭法》的规定,对尚未在吉尔吉斯共和国生效的国际条约是否符合《宪法》的问题进行审议。

第 20 条 关于修正和增补与吉尔吉斯共和国缔结国际条约有关的法律法规的提案

在消除吉尔吉斯共和国国际条约与吉尔吉斯共和国法律法规的冲突时,或者履行国际条约有必要颁布法律或其他法规时,吉尔吉斯共和国有关部委、国家委员会和行政部门按规定的程序向政府提交必要的法律法规草案。

第 21 条 吉尔吉斯共和国表示同意接受国际条约约束的特别程序

如果国际条约中含有需要对《宪法》的某些条款进行修改的规定,只有在按规定的程序对《宪法》进行适当的修改后,才可以以法律的形式作出关于同意该条约对吉尔吉斯共和国具有约束力的决定。

第 22 条 吉尔吉斯共和国暂时适用国家间和政府间国际条约

1. 国家间和政府间国际条约或其部分条款在生效之前,可由吉尔吉斯共和国根据国际法暂时适用。

2. 关于吉尔吉斯共和国暂时适用国家间和政府间国际条约或其部分条款的决定,由负责签署这些国际条约的国家工作人员或国家机构作出。

3. 吉尔吉斯共和国临时适用的国家间和政府间国际条约(或其部分条款)在生效前,应以与吉尔吉斯共和国的国际条约相同的方式履行和遵守。

第 23 条 吉尔吉斯共和国终止临时适用的国家间或政府间国际条约

1. 在下列情况下,吉尔吉斯共和国终止国家间和政府间国际条约(或其部分条款)的临时适用:

1)政府作出不批准根据本法第 18 条须经批准的暂时适用的国家间或政府间国际条约的最终决定;

2)政府作出不提交根据本法第 11 条须予批准的国家间或政府间国际条约提交议会批准的最终决定;

3)议会作出不批准政府提交批准的暂时适用的国家间或政府间国际条约的最终决定。

2. 如果国家机构作出本条第 1 款规定的决定,吉尔吉斯共和国授权的外交机构或另一授权国家机构根据相关规定,向临时适用的国际条约的保管机关或缔约方发出相应的通知。

第 24 条 国际条约的生效和期限

1. 国际条约按照条约规定的程序和条件以及国际法律规范对吉尔吉斯共和国生效。

2. 吉尔吉斯共和国国家间和政府间国际条约生效的报告程序由政府决定。

第 25 条 对国际条约的保留

1. 在签署、批准、核准多边国际条约或加入国际条约时,可以遵照国际法的有关规定提出保留。

2. 吉尔吉斯共和国在签署(确定国际条约文本的准确)时对须由吉尔吉斯共和国随后批准或核准的多边国际条约提出的保留,必须由吉尔吉斯共和国进行批准或核准,并在相关的规范性法律文件中作出规定。

3. 保留可以在任何时候按照提出保留的顺序撤回。

4. 接受国际条约另一缔约方提出的保留,根据国际条约的条款和国际法律规则进行。

如果吉尔吉斯共和国在 12 个月内不反对国际条约的另一缔约方所提出的保留,则视为吉尔吉斯共和国已接受这种保留。

5. 吉尔吉斯共和国对国际条约另一缔约方提出的保留的反对,按照该国际条约的规定和国际法律规范进行。

吉尔吉斯共和国对国际条约另一缔约方的保留提出的反对,应按照本法第 6 条第 1、3、5、6 款和第 7 条第 1、4 款的有关规定提出和协商。

6. 吉尔吉斯共和国对双边国际条约不适用保留制度。

第三章 国际条约的公布、登记和保管

第 26 条 吉尔吉斯共和国国际条约的公布

1. 吉尔吉斯共和国的国际条约按照政府确定的方式公布。

2. 吉尔吉斯共和国的国际条约,如果其作准文本以外语起草,则以国家或官方语言译本公布。国际条约也可以其他语言公布。

第 27 条 国际条约的国家统一登记和核准制度

国际条约的国家统一登记和核准制度由授权的外交机构以政府确定的方

式进行。

第28条　国际条约在国际组织的登记

如果根据吉尔吉斯共和国国际条约的规定或以国际法规定的任何其他方式,吉尔吉斯共和国有义务向国际组织登记国际条约的,这种登记由授权的外交机构进行。

吉尔吉斯共和国有权主动向国际组织登记吉尔吉斯共和国的国际条约。

第29条　国际条约原件(认证副本)的保管

1. 吉尔吉斯共和国缔结的国家间或政府间国际条约的原件(从多边国际条约保管机构收到的核准副本)以及信函和照会,如果这些国际条约是通过交换信函或照会缔结的(则为信函和照会的核准副本),由授权的外交机构进行保管。

2. 吉尔吉斯共和国缔结的国家间或政府间国际条约的原件(从多边国际条约保管机构收到的核准副本),以及信函(经核证的信函副本,如果这些国际条约是通过交换信函缔结的),在其签署(从保管机构收到核准副本)或通过交换信函缔结之日起2周内交存于授权的外交机构。

授权的外交机构自收到国家间或政府间国际条约原件(从多边国际条约保管机构收到经核准的副本)以及信函和照会(经核准的信函和照会副本,如果这些国际条约是通过换文或照会缔结的)之日起,应在1个月内核准并将其副本送交吉尔吉斯共和国有关国家机构。

3. 吉尔吉斯共和国缔结的部门间国际条约的原件(核准副本)存放在有关国家机构的档案中。

有关国家机构自签署部门间国际条约之日(从部门间多边国际条约保管机构收到核准副本)或通过换文缔结之日起2周内核证并将其副本送交授权的外交机构。

第30条　保管机关职能的行使

1. 根据吉尔吉斯共和国缔结的多边国家间和政府间国际条约的规定,这些国际条约的保管机关的职能由吉尔吉斯共和国授权的外交机构履行。

2. 只能由授权的外交机构与履行多边国际条约保管机关职能的外国(其机

构)、国际组织(其机构)或其行政首长往来信函。

3. 授权的外交机构向议会报告已生效的国家间和政府间国际条约以及中止或废止条约效力的情况。

第四章 国际条约的遵守和履行

第 31 条 吉尔吉斯共和国对国际条约的遵守

1. 吉尔吉斯共和国根据国际法律规则和吉尔吉斯共和国的法律法规严格遵守吉尔吉斯共和国的国际条约。

2. 吉尔吉斯共和国在其签署的国际条约生效之前,根据国际法的有关规定,不应采取有损条约目标和宗旨的行动。

第 32 条 吉尔吉斯共和国对国际条约义务的履行

1. 国际条约自对吉尔吉斯共和国生效之日起,吉尔吉斯共和国必须履行。

2. 政府制定和实施履行吉尔吉斯共和国国际条约的措施,确定负责履行吉尔吉斯共和国国际条约义务的部委、国家委员会、行政部门和国家工作人员。

3. 根据政府的建议,履行吉尔吉斯共和国国际条约义务的责任可分配给吉尔吉斯共和国其他职权符合国际条约规定事项的相关国家机构。

4. 吉尔吉斯共和国各部委、国家委员会和行政部门、其他相关国家机构(其职权范围符合吉尔吉斯共和国国际条约规定事项)确保吉尔吉斯共和国履行国际条约义务,行使国际条约规定的属于吉尔吉斯共和国的权利,并监督这些国际条约的其他缔约方遵守和履行其义务。

5. 政府对吉尔吉斯共和国履行国际条约义务的情况进行监督。

第 33 条 国家可以通过对吉尔吉斯共和国国际条约和规范性法律文件的解释,表示同意接受吉尔吉斯共和国国际条约的约束

对吉尔吉斯共和国缔结的国际条约的解释根据国际法律规则进行。

通过规范性法律文件表示同意接受国际条约约束的国家机构,可对该规范性法律进行正式解释(澄清),而无须解释有关的国际条约。

第 34 条 对吉尔吉斯共和国遵守和履行国际条约的全面监督

为了全面监督吉尔吉斯共和国遵守和履行国际条约的情况,授权的外交机

构有权要求主管这类国际条约所涉事项的吉尔吉斯共和国各部、国家委员会和行政部门以及其他相关国家机构提供关于遵守和履行这类国际条约的进展情况。

第 35 条 吉尔吉斯共和国国际条约的其他参与方违反国际条约时采取的措施

如果吉尔吉斯共和国国际条约的其他参与方违反了条约规定的义务，吉尔吉斯共和国授权的外交机构或其他有关部委、国家委员会、行政部门和其他有关国家机构在与授权的外交机构达成一致后，向政府提交关于根据国际法律规则和条约条款采取必要措施的建议。

第五章 吉尔吉斯共和国国际条约的无效、中止和废止(终止、退出)

第 36 条 吉尔吉斯共和国缔结的国际条约无效

1. 吉尔吉斯共和国缔结的国际条约可根据国际法律规则无效。

2. 如果吉尔吉斯共和国缔结的国际条约根据国际法一般规则无效，则吉尔吉斯共和国授权的外交机构或其他有关部委、国家委员会和行政部门，以及其他有关国家机构根据其职权范围与授权的外交机构协调，为该国际条约的无效向下列机关提供理由：

1)总统与总理达成一致——涉及国家间国际条约；

2)政府——涉及政府职权范围内问题的政府间或国家间国际条约，以及部门间国际条约。

第 37 条 吉尔吉斯共和国国际条约的中止或废止(终止、退出)

根据国际法律规则，吉尔吉斯共和国可以中止或废止(终止、退出)国际条约。

第 38 条 关于中止或废止(终止、退出)吉尔吉斯共和国国际条约的提案

1. 根据本法第 39 条的规定，中止或废止(终止、退出)吉尔吉斯共和国国际条约的提案应由有关部委、国家委员会和行政部门以及其他相关部门在其职权符合条约规定事项的情形下提交政府，但本条第 5 款规定的国家机构除外。

2. 关于中止或废止(终止、退出)包含本法第 11 条第 1 款规定的吉尔吉斯

共和国国际条约的提案,经政府批准后,由政府根据吉尔吉斯共和国的法律法规向议会提交。

3. 在向政府提出中止或废止(终止、退出)吉尔吉斯共和国国际条约的提案时,必须附上:

1)由授权的外交机构核证的国际条约的副本(从多边国际条约保留机构收到的核准副本);

经授权的外交机构核证的照会或信函副本——如果国际条约是通过换文或形成国际条约的信函缔结的;

2)吉尔吉斯共和国中止或退出(终止、退出)一项国际条约的正当理由;

3)吉尔吉斯共和国中止或退出(终止、退出)国际条约所必需的相关法律法规的草案;

4)授权的外交机构同意的证明文件;

5)授权的司法机构对吉尔吉斯共和国因中止或废止(终止、退出)国际条约而需要修正、补充、中止、退出或通过与吉尔吉斯共和国暂停或废止(终止、退出)国际条约有关的吉尔吉斯共和国规范性法律文件的结论;

6)授权的金融机构对吉尔吉斯共和国中止或废止(终止、退出)国际条约可能产生的财政后果的评估;

7)有关部委、国家委员会和行政部门以及吉尔吉斯共和国其他相关国家机构在其职权范围内对吉尔吉斯共和国中止或废止(终止、退出)国际条约的可能后果的评估;

8)吉尔吉斯共和国法规规定的其他文件。

4. 在向政府提交中止或废止(终止、退出)吉尔吉斯共和国国际条约的建议之前,由主管国家机关与有关部委、国家委员会和行政部门以及吉尔吉斯共和国其他有关国家机关在其职权范围内进行协调,但本条第 5 款规定的国家机关除外。

5. 议会和最高法院代表的司法机关可建议:

1)总统审议吉尔吉斯共和国中止或废止(终止、退出)国家间国际条约的问题;

2)总理审议政府中止或废止(终止、退出)政府职权范围内的政府间国际条约或国家间国际条约的问题。

6. 如果总统或总理同意本条第5款规定的吉尔吉斯共和国国家机关的建议,总统或总理指示政府、部委、国家委员会、行政部门根据本条第4款制定和批准中止或废止(终止、退出)吉尔吉斯共和国国际条约的提案以便随后提交,或者根据总统或总理的建议,将上述制定和批准工作分配给吉尔吉斯共和国的职权符合条约规定事项的其他相关国家机构。

(根据吉尔吉斯共和国2015年6月9日第126号法律修订)

第39条 中止或废止(终止、退出)吉尔吉斯共和国国际条约的决定

中止或废止(终止、退出)吉尔吉斯共和国的国际条约的决定由以下机关作出:

1)由政府作出决定——就吉尔吉斯共和国国际条约而言,由总统或政府分别通过颁布适当的规范性法律文件,表示同意其具有约束力;

2)由吉尔吉斯共和国议会作出决定——就吉尔吉斯共和国的国际条约而言,由吉尔吉斯共和国议会通过适当的法律,并由总统签署,表示同意其具有约束力。

第40条 吉尔吉斯共和国中止或废止(终止、退出)国际条约的通知

1. 在国家机关作出本法第39条规定的决定时,以及根据这些决定的有关规定,吉尔吉斯共和国授权的外交机构或另一授权国家机构应向国际条约的保管机关或其他缔约方发出相应通知。

2. 吉尔吉斯共和国中止或废止(终止、退出)国际条约的报告程序由政府决定。

第41条 中止和终止国际条约的后果

1. 除非条约另有规定或与其他缔约方有其他协议,否则,在条约中止期间,吉尔吉斯共和国在与被中止的缔约方的关系中不承担履行条约规定的义务,也不影响吉尔吉斯共和国与其他参与者根据协议建立的法律关系。

2. 在国际条约中止期间,吉尔吉斯共和国国家机关不得采取可能妨碍国际条约恢复的行动。

3. 国际条约的终止,除非条约另有规定或与其他参与方有其他协议,否则

吉尔吉斯共和国今后将不必履行该条约的任何义务,这不影响吉尔吉斯共和国在终止其行动之前因履行条约而产生的权利、义务或法律地位。

第六章 附 则

第42条 本法的生效

1. 本法自正式公布之日开始生效。

2. 本法生效后,下列法律宣告无效:

吉尔吉斯共和国1999年7月21日第89号法律《吉尔吉斯共和国国际条约法》(《吉尔吉斯共和国议会公报》2000年第1期,第14页);

2002年6月27日颁布的第110号法律《吉尔吉斯共和国国际条约法修正案》(《吉尔吉斯共和国议会公报》2002年第8期,第375页);

2006年12月5日颁布的吉尔吉斯共和国第197号法律《关于吉尔吉斯共和国国际条约法的修正案》(《吉尔吉斯共和国议会公报》2006年第11期,第965页);

2007年4月28日第64号法律《吉尔吉斯共和国国际条约法修正案》(《吉尔吉斯共和国议会公报》2007年第4期,第367页);

2011年7月21日吉尔吉斯共和国第115号法律《关于吉尔吉斯共和国若干法律的修正案》第1条(《吉尔吉斯共和国议会公报》2011年第7期,第1018页)。

吉尔吉斯共和国总统

阿斯卡尔·阿卡耶维奇·阿卡耶夫(A. S. Atambayev)

Chapter 2 第二章

对外劳工移民法

第一节　法律概况

一、《吉尔吉斯共和国对外劳工移民法》的历史沿革

吉尔吉斯共和国移民问题特别是劳工移民问题非常突出，为此，吉尔吉斯斯坦较早制定并不断完善移民法和劳工移民法。在苏联解体的第一年，吉尔吉斯斯坦就经历了第一波移民潮，大量生活在吉尔吉斯斯坦的讲俄语的斯拉夫人选择回到他们的祖籍国。[①] 而后来，移民工人又成为吉尔吉斯斯坦移民队伍中的主力军，这主要受经济社会发展的影响。吉尔吉斯斯坦是一个农业人口占比很高的国家，60%人口生活在农村，以农业为生，独立后的吉尔吉斯斯坦，在市场经济冲击下，出现了大量失业和劳工移民的现象，很多人选择外出谋生，包括季节性外出务工、受雇和经商，大部分人的理想选择是俄罗斯和哈萨克斯坦，导致本国的劳动

---

① Anar Musabaeva, Migration Policy Concepts of Kyrgyzstan: Are They Changing? https://cabar.asia/en/migration-policy-concepts-of-kyrgyzstan-are-they-changing，最后访问日期：2021年12月23日。

力资源减少,也引发了孤寡老人、留守儿童等其他社会问题。[①] 另外,也解决了吉尔吉斯共和国劳动力过剩的问题,并为吉尔吉斯斯坦带来了可观的侨汇收入。吉尔吉斯斯坦不仅是一个劳工移民输出国,国家大力鼓励本国劳动力进军外国劳动市场,同样也是一个外国劳工输入国,吉尔吉斯斯坦境内也有大量的外来劳工移民,从事季节性务工、生产经营等活动,大部分外国劳工来自独联体国家。作为邻国,中国一直都有前往吉尔吉斯共和国的劳工移民。20 世纪 80 年代末,有从新疆前往吉尔吉斯共和国的季节性务工的移民;随着"一带一路"倡议的实施,中国加强对外基础设施建设及各项投资活动,吉尔吉斯共和国的中国劳工数量逐渐攀升,2014 年占吉尔吉斯斯坦总外国劳工人数的 72.5%。[②]

吉尔吉斯斯坦早期的劳工移民多半通过非官方的渠道进行,在劳工移民的管理和移民工人的权利保障上存在一系列问题,诸如通过非法移民方式外出的移民工人很容易遭受权利侵害、引进的移民工人影响了本国居民就业等。1990 年,联合国通过了《保护所有移民工人及家庭成员权利的国际公约》,旨在敦促成员国加强移民工人权利保障。随后,吉尔吉斯斯坦在 1994 年和 1996 年分别与哈萨克斯坦和俄罗斯签订了《移民劳动者的劳动活动和社会保护合作协定》,致力于劳工移民的权利保障。1998 年,独联体国家还签订了《独联体成员国关于打击非法移民合作协定》。2000 年前后,吉尔吉斯斯坦陆续制定了《外国公民法律地位法》《对外移民法》《难民法》等一系列法律,在 2003 年批准了《保护所有移民工人及家庭成员权利的国际公约》,2006 年颁布了《对外劳工移民法》。

二、《吉尔吉斯共和国对外劳工移民法》的主要内容

2006 年 1 月 13 日颁布的《吉尔吉斯共和国对外劳工移民法》(以下简称《对外劳工移民法》)确立了境内对外劳工移民的法律依据,规范外国劳工准入境内劳动市场的条件、程序、权利保障,调整对外劳工移民的法律关系,明确规定了移民

---

① A Dzhooshbekova. External Migration Problems of Kyrgyzstan Population in the Post-Soviet Period, Advances in Applied Sociology,2021,11(3).

② 参见王胜:《吉尔吉斯斯坦的中国新移民:动因、类型及问题》,载《八桂侨刊》2020 年第 3 期。

工人的权利保护。截至2021年,该法已修订7次,共6章,31个条款。内容主要包括:(1)一般规定:基本概念、基本国策、法律依据和适用范围、主管机关;(2)外国公民和无国籍人入境以及本国公民离境就业的制度和程序:外国公民和无国籍人入境就业的劳动配额制度、劳工及家属入境程序、特殊劳动活动的从事、本国公民境外离境和就业的程序、劳工移民的群体流动、边境劳工移民;(3)单位和移民劳工的权利义务:基本权利义务、就业协议;(4)劳工移民的权利保障:平等原则、提前回国的费用承担、职业教育的认可、社会保障、劳工健康损害赔偿、劳工收入的税收和存汇款、劳工个人财产的进出口;(5)法律责任:单位和劳工移民的责任、防范非法劳工移民、防止不实信息;(6)附则:国际合作、生效和实施。

吉尔吉斯共和国负责劳工移民事务的国家机关主要是外交部下设的移民服务部以及劳动、移民与青年部。其中,移民服务部主要负责对外劳工移民的签证及许可证、在国外的劳工救助、劳工移民合作谈判等事项。劳动、移民与青年部原属外交部,原称青年、劳动与就业部,2013年改组后新增外国移民管理职能,主要负责制定关于就业、劳工保护、非法移民(包括贩卖人口)的政策,以及劳工移民信息统计和移民工人的其他服务职能。除此之外,内政部负责有关非法移民的事项。

吉尔吉斯共和国引进外来移民工人适用配额制度,具体由其政府根据各部门和各地区的用工需求以及本国人就业情况决定年度配额,并经议会批准通过。通常配额分配最多的是比什凯克市和贾拉拉巴德州。外来移民工人则根据吉尔吉斯共和国政府公布的配额来申请工作。一般而言,只有获得招收外国劳工许可证的企业才可雇佣外国劳工,企业根据该许可证以及雇佣外籍劳工配额为外国劳工办理工作许可证。

吉尔吉斯共和国在劳工移民领域面临的最显著问题就是海外移民工人的权利保障,《对外劳工移民法》虽然明确了对外劳工移民的权利保障,但规定较为笼统,且内容很不全面。而且,实践中对外劳工移民遭受权利侵害后,通过法律途径往往也得不到全面救助,这与移民工人自身认知水平低、法律意识淡薄等问题息息相关。近些年,由于吉尔吉斯共和国经济不景气,政府逐渐削减外籍劳工配额,减少外籍劳工对本国人就业的影响。相应地,俄罗斯等国家也采取相同措施，导致吉尔吉斯共和国很多公民凭借免签证合法进入俄罗斯等国从事非法务工活动。现实中，很多人凭借非官方渠道获取就业国的就业信息，有些是虚假信息，他们通过这些渠道前往就业国进行劳工活动，有些甚至是被迫工作，完全游离在法律规范外。从而引发外出的吉尔吉斯共和国工人权利无法保障的问题。他们在恶劣的劳动条件下长期工作以致生命健康无法保障；遭受歧视、不平等待遇，性暴力，强迫劳动等侵害行为，缺乏申诉和保护的渠道。而吉尔吉斯共和国《对外劳工移民法》的尴尬之处在于其针对的是合法的（获得许可的）对外移民工人。

第二节 法律文本

吉尔吉斯共和国法律

2006 年 1 月 13 日第 4 号

吉尔吉斯共和国对外劳工移民法

（根据吉尔吉斯共和国 2009 年 2 月 25 日第 68 号、2009 年 10 月 12 日第 261 号、2011 年 7 月 15 日第 104 号、2015 年 1 月 27 日第 27 号、2018 年 3 月 14 日第 29 号、2020 年 6 月 26 日第 64 号、2020 年 7 月 24 日第 89 号法律修订）

本法规定了吉尔吉斯共和国公民离境到国外就业、引入外国劳工到吉尔吉斯共和国就业的程序，并规定了所有移民工人的权利保障，以及劳工移民其他活动的程序。

第一章 一般规定

第 1 条 本法使用的基本概念

移徙工人——具有定居身份并在其不是国民的国家从事劳动的人。

对外劳工移民——在合法的基础上,吉尔吉斯共和国公民为就业之目的自愿离开吉尔吉斯共和国,以及外国公民和无国籍人为就业之目的自愿进入吉尔吉斯共和国领土。

定期(跨境)劳工移民——为进行劳动,吉尔吉斯共和国公民定期离境前往邻国领土,或邻国公民定期入境吉尔吉斯共和国领土,但须具备离境国领土的永久居留权。

雇主——自然人或法人,根据就业协议(合同)或在就业国的工作(服务)民事合同的规定提供就业或开展活动。

劳务派遣者——从事与指导吉尔吉斯共和国公民在境外就业有关活动的自然人或法人。

就业——雇用性工作、其他有偿工作以及雇用性工作以外的劳动,根据法律为劳动者提供生存手段,劳动者依照雇佣劳动力的合同、协议或者配额制度独立或者与家庭成员共同劳动,或者依照国家立法,以及按吉尔吉斯共和国立法既定程序生效的国际条约规定的独立劳动。

非法劳工移民——外国公民和无国籍人士违反国家立法规定的雇用程序和就业规则,在吉尔吉斯共和国从事劳动和职业活动。

非法移民工人——违反国家立法规定的与外国公民和无国籍人相关的雇用程序和条例的人。

跨境移民工人——跨国界的公民,在邻国拥有永久居留权,根据法律规定的程序以及有效的吉尔吉斯共和国参与缔结的国际条约,符合该国免签制度,在免签有效期内,该国公民可定期进入吉尔吉斯共和国境内从事个体劳动,并至少返回邻国一次。

离境国——移民工人在其领土上拥有永久居住权,但离开其国家前往另一国家从事劳动的国家。

就业国——移民工人就业的国家。

家庭成员——与移民工人结婚的人,以及受抚养的子女和根据就业国立法被承认为家庭成员的其他人。

定居身份——是指根据就业国立法,在就业国领土上持有居住证并开展受薪劳动。

吉尔吉斯共和国引进和雇佣外国劳工的配额制度——以开展劳动为目的入境吉尔吉斯共和国领土的外国公民或无国籍人的最大人数,配额取决于吉尔吉斯共和国劳动力市场的状况。

高端外国专家——外国公民或无国籍人,在吉尔吉斯共和国就业的条件符合本国政府确定的就业标准,在特定劳动领域受过高等教育、工作经验丰富、有技能和有成就。

外国专家——外国公民或无国籍人,由雇佣者引进,并具有适当的教育和从事劳动所需的资格。

外国个体经营者——外国公民或无国籍人,根据吉尔吉斯共和国税务局颁发的许可证,在未建立组织的情况下开展个人经营活动。

(根据吉尔吉斯共和国 2018 年 3 月 14 日第 29 号、2020 年 6 月 26 日第 64 号法律修订)

第 2 条 吉尔吉斯共和国对外劳工移民的国家政策

吉尔吉斯共和国的对外劳工移民的国家政策旨在实现以下目标:

——管制对外劳工移民的过程;

——满足吉尔吉斯共和国劳动力市场对必要劳动力的需求,形成合理和平衡的劳动结构,以提高经济效率;

——确保吉尔吉斯共和国公民优先占有国家劳动力市场空缺职位的权利;

——防范非法对外劳工移民;

——确立对移民工人的法律和社会保护;

——协助其他国家制定劳动配额制度,以促进吉尔吉斯共和国公民到国外就业;

——在加入劳工移民领域的国际条约时,保护吉尔吉斯共和国公民的利益;

——建立关于吉尔吉斯共和国劳动力市场职位空缺的数据库,以及吉尔吉斯共和国公民在国外从事劳动活动的组织情况,并通过国家媒体网络不断向吉尔吉斯共和国人民通报。

吉尔吉斯共和国制定对外劳工移民的国家政策遵照以下方针：

——遵守劳工移民人权和社会保护领域公认的国际法准则；

——在制定和执行对外劳工移民措施时维护国家利益。

第3条　本法的适用范围

本法适用于政府机关、法人，无论其所有制形式如何，包括在吉尔吉斯共和国注册为个体经营者并开展经营活动但未建立法人组织的个体，从事与指导吉尔吉斯共和国公民在国外开展劳动活动相关活动的个体，在吉尔吉斯共和国境内引进和雇佣外国劳动力（以下简称经营者）的个体，以及移民工人及其家庭成员。

本法不适用于下列外国人和无国籍人：

a）在吉尔吉斯共和国境内获得难民身份或政治庇护的人；

b）永久居住在吉尔吉斯共和国境内的人；

c）在驻吉尔吉斯共和国的外交使团、领事机构和国际组织工作的人；

d）外国法人在吉尔吉斯共和国境内签订的协议（合同）框架内派遣的负责安装和维修技术设备的借调人员；

e）在吉尔吉斯职业高等教育的教育项目框架内进行行业实践的学生，以及在学校放假期间工作的学生；

f）驻吉尔吉斯共和国的驻地记者和新闻工作者；

g）根据国际条约确定不同雇佣程序的人员；

h）加入吉尔吉斯共和国国籍前获得临时身份的柯尔克孜族；

i）执行赠款和投资项目的管理公司和承包商公司的负责人，以及在吉尔吉斯共和国政府签署已生效的协定框架内参与赠款和投资项目可行性研究准备工作的设计及研究机构的雇员；

j）获得侨胞身份的外籍公民。

（根据吉尔吉斯共和国2015年1月27日第27号、2018年3月14日第29号、2020年7月24日第89号法律修订）

第4条　对外劳工移民的法律依据

在吉尔吉斯共和国，对外劳工移民的法律法规根据吉尔吉斯共和国《宪法》、本法、吉尔吉斯共和国的其他规范性法律文件，以及国际条约实施。

第 5 条 对外劳工移民的权力机关

主管移民事务的国家权力机关是保障对外劳工移民国家政策制定和实施的国家权力机关。

其他政府机关在其职权范围内代表吉尔吉斯共和国政府处理对外劳工移民的事务。

第二章 外国公民和无国籍人在吉尔吉斯共和国境内，以及吉尔吉斯共和国公民在境外的劳动活动

第 6 条 外国公民和无国籍人在吉尔吉斯共和国境内从事劳动的程序

外国公民和无国籍人有权自由决定其劳动能力，在有适当的职业教育或工作经验证明文件的情况下，可自由选择其劳动和职业，并有权自由利用其能力和财产从事商业活动和其他法律不禁止的活动。

(第 2 款根据吉尔吉斯共和国 2018 年 3 月 14 日第 29 号法律失效)

为在吉尔吉斯共和国境内从事劳动而临时居留的外国公民或无国籍人，由主管移民事务的国家权力机关，按照吉尔吉斯共和国政府规定的程序开具劳务许可证，条件是，雇佣者需向移民的国家权力机关缴纳所需资金(保证金)，开立专门账户，保障外籍工人以适当的交通方式离开吉尔吉斯共和国。

雇佣者支付确保外籍工人离开吉尔吉斯共和国所需资金以及退还资金的程序，由吉尔吉斯共和国政府制定。

签发劳务许可证需要支付政府管理费。

跨境劳工移民依据本法第 14 条规定的程序在吉尔吉斯共和国境内从事劳动。

(根据吉尔吉斯共和国 2018 年 3 月 14 日第 29 号、2020 年 6 月 26 日第 64 号法律修订)

第 7 条 劳工移民劳动配额制度

吉尔吉斯共和国政府在每年上半年的前四个月，根据国家利益和国内劳动力市场的情况，决定引进和雇佣外国劳动力的配额。

主管移民事务的国家权力机关在引进外国公民和无国籍人在吉尔吉斯共

和国就业的雇主中分配劳动配额时,需同时考虑他们对吉尔吉斯共和国经济发展的贡献以及本国公民填补劳动空缺的优先权利。

入境吉尔吉斯共和国的外国公民和无国籍人根据下列条件从事劳动活动:

——在劳工移民配额范围之内,根据雇佣者的要求,高端外国专家可获得 3 年的劳务许可证。

——在劳工移民配额范围之内,根据雇佣者的要求,外国专家可获得 1 年的劳务许可证。此外,高端外国专家和外国专家人数不得超过一个企业雇员总数的 20%。如果一个企业引入的外国专家超过雇员总数的 20%,雇主向吉尔吉斯共和国政府缴纳超过限额倍数的国税。

——根据吉尔吉斯共和国税务部门颁发的许可证,外国个体经营者根据自己的申请,在劳工移民配额范围内,可获得 1 年的劳务许可。

(根据吉尔吉斯共和国 2009 年 2 月 25 日第 68 号、2018 年 3 月 14 日第 29 号法律修订)

第 8 条　移徙工人的入境手续

移徙工人的入境程序、年龄和其他要求由吉尔吉斯共和国的法律、规范性法律文件和国际条约规定。

因私人事务、商业目的、学习和旅游而入境吉尔吉斯共和国的外国公民,不得在吉尔吉斯共和国境内就业,除非吉尔吉斯共和国法律另有规定。

抵达吉尔吉斯共和国的移徙工人,除吉尔吉斯共和国立法规定的情况外,必须按照规定程序,在临时居住地和旅馆所在地,向国家人口登记的权力机关及辖区机关登记。

在雇佣协议(合同)或从事工作(提供服务)的合同到期时,移徙工人及其家庭成员必须离开就业国。

移徙工人及其家庭成员在必要情况下可以随时离开吉尔吉斯共和国。

(根据吉尔吉斯共和国 2011 年 7 月 15 日第 104 号法律修订)

第 9 条　移徙工人家属入境和停留程序

移徙工人在其生活条件符合就业国立法规定的居住要求,并有足够的财力供养的前提下,有权邀请其家庭成员共同生活。

第 10 条 移徙工人入境从事某些特殊类型的劳动

吉尔吉斯共和国鼓励外国公民和无国籍人入境投资本国经济、创建外国企业和有外国公民参与的企业。

第 11 条 吉尔吉斯共和国公民在境外就业的程序

年满 18 岁的吉尔吉斯共和国公民可以在外国就业。

吉尔吉斯共和国公民可以通过劳务派遣或自主在境外就业。

主管移民事务的国家权力机关负责组织吉尔吉斯共和国公民在境外的就业。

主管移民事务的国家权力机关根据吉尔吉斯共和国政府确定的程序签发劳务许可证,劳务派遣者据此开展与该国公民在境外就业有关的活动。

为吉尔吉斯共和国公民在境外从事与就业有关活动的权利而签发劳务许可证,劳务派遣者需缴纳政府管理费。

(根据吉尔吉斯共和国 2018 年 3 月 14 日第 29 号法律修订)

第 12 条 移徙工人离境程序

除非国际条约、吉尔吉斯共和国立法和就业国立法另有规定,吉尔吉斯共和国公民离境获得有报酬的工作,必须与外国雇佣者签订就业协议(合同),并持有本国外交使团或领事机关签发的就业签证,如果没有,则由其他国家特别授权的使团签发。

就业国的立法、吉尔吉斯共和国法律规定的程序生效的国际条约,规定了引进移徙工人的程序以及年龄等要求。

在吉尔吉斯共和国,不得颁布限制吉尔吉斯共和国公民为就业而自由离境的权利的规范性法律文件。

第 13 条 移徙工人的群体流动

吉尔吉斯共和国缔结的国际条约规定了移徙工人群体的入境、居留和离境程序、工作条件和报酬、以及由有关国家机构监督下的社会和医疗保障。

第 14 条 定期(跨境)劳工移民

为了大力发展经济、科学、技术、文化和教育,吉尔吉斯共和国积极推进与邻国之间的劳工互换。

定期(跨境)劳工移民的法律地位由吉尔吉斯共和国规范性法律文件,以及依法生效的吉尔吉斯共和国参与缔结的国际条约加以调整。

根据吉尔吉斯共和国税法、对外劳工移民法，定期（跨境）劳工移民在免签期间，按照个体户劳务许可证，有权在吉尔吉斯共和国境内从事有偿个体经营，但无权在该国境内雇佣员工。

定期（跨境）劳工移民不受劳工移民配额的限制。

在免签期间，以个体经营为目的抵达吉尔吉斯共和国的定期（跨境）劳工移民不需要获得工作签证。

雇主有权雇佣定期（跨境）劳工移民，且无须获得主管移民事务的国家权力机关签发的劳务许可证，但受雇者必须拥有有效的个体劳动许可证。

定期（跨境）劳工移民的雇主不能是法人和个体经营者。

（根据吉尔吉斯共和国2020年6月26日第64号法律修订）

第三章　企业单位和移徙工人的权利和义务

第15条　企业单位的权利和义务

为了在国外雇佣移徙工人，企业有权：

——与外国雇主签订雇佣移徙工人的协议和合同；

——代表外国雇主与移徙工人签订劳动合同（协议）；

——甄选出国就业的人选；

——开展专业技术人员的培训和再教育。

企业单位有义务：

——向主管移民事务的国家权力机关和雇佣协议（合同）、劳务（提供服务）合同中的移徙工人提供关于工作性质、报酬和劳动保护、生活条件、社会和医疗保障、移徙工人及其家庭成员前往有偿就业所在地和返回原籍国的行程等方面的信息；

——拥有引进和雇佣外国劳工的许可证，或在境外从事与吉尔吉斯共和国公民就业有关活动的权利；

——遵守与移徙工人签订的就业合同或劳务（提供服务）合同的条款；

——每季度向主管移民事务的国家权力机关提供吉尔吉斯共和国公民在

国外的就业信息，以及说明吉尔吉斯共和国公民在国外的就业状况、劳动合同有效期和外国雇佣者从事的工作类型；

——将所需资金（担保费）划入主管移民事务国家权力机关专门开设的账户，保障移徙工人返回其永久居住国的首都；

——违反本法规定的引进和雇佣程序导致移徙工人被遣返（行政驱逐），向吉尔吉斯共和国支付相关费用；

——根据吉尔吉斯共和国的立法和国家签署的条约，每月为雇员（外国公民和无国籍人）缴纳国家社会保险费。

第16条 移徙工人的权利和义务

在就业国进行劳动的移徙工人，有权：

——了解所从事工作的条件和报酬，与雇主签订劳动合同（协议），并在协议中对与两国法律不相抵触的其他问题作出规定；

——接收与居住地、住房和就业状态有关的其他信息；

——向本国在就业国的外交部门或领事机构提出申请，以保护其工作权利和自由。

移徙工人有义务：

——遵守《吉尔吉斯共和国宪法》、吉尔吉斯共和国的法律以及外国公民在就业国居留的条例；

——遵守就业协议（合同）或劳务（提供服务）合同的条款；

——除非在工作期间出现允许继续留在就业国的情况，否则在就业协议（合同）或劳务（提供服务）合同期限届满时，以及在其提前终止的情况下，必须离开就业国；

——依据吉尔吉斯共和国法律规定的程序，按照雇佣者的要求进行体检。

第17条 就业协议（合同）

移徙工人与企业的劳动关系通过就业协议（合同）正式确定，该协议（合同）以吉尔吉斯共和国的官方语言以及移徙工人的母语或其他可理解的语言书面订立，需包含以下信息：

——订立雇佣合同的日期和地点；

——雇员的姓氏、姓名、父称和雇主、法人的全名——所在地、注册文件的编号和日期；

——雇佣合同的期限、受薪工作的性质和地点、工作条件和报酬，包括夜班、加班、周末及法定节假日的工作；

——奖金、津贴和工资扣减额；

——当事人的权利、义务、责任，终止或延长雇用协议（合同）的程序和条件；

——为移徙工人及其家庭成员安排的迁居、饮食、住宿、医疗等信息；

——移徙工人社会和医疗保险的程序和条件；

——在受薪工作过程中，对移徙工人的健康损害的赔偿程序和其他社会保障。

企业有义务在主管移民事务的国家权力机关处登记其与移徙工人缔结的雇佣协议（合同）。

雇佣协议（合同）的副本（一份）在移徙工人前往就业国之前送达。

如雇主违反雇佣协议（合同）规定的条款，主管移民事务的国家权力机关应协助移徙工人获得应得的福利和补偿，提前终止雇佣协议并返回离境国，费用由企业承担。

如果外国雇佣者违反了与离境在外就业的吉尔吉斯共和国公民签署的雇佣协议的条款，该移徙工人有权向吉尔吉斯共和国的外交使团或领事机构申请，采取必要措施保护其权利，包括领取应得的福利和补偿、终止雇佣协议（合同），以及将该移徙工人（及其家庭成员）送回吉尔吉斯共和国。

第四章 移徙工人的权利保障

第18条 平等原则

吉尔吉斯共和国公民在境外订立雇佣协议、和外国公民到吉尔吉斯共和国订立雇佣协议，必须依据就业国立法，遵守移徙工人与就业国公民权利平等的原则。

禁止以侮辱人格尊严、损害和威胁生命健康的条件雇佣移徙工人。

根据雇佣合同出国就业的吉尔吉斯共和国公民,保留吉尔吉斯共和国立法规定的权利和义务。

第 19 条 移徙工人提前返回原籍国

根据吉尔吉斯共和国的规范性法律文件,如果雇佣协议(合同)或劳务(提供服务)合同因移徙工人的过失而提前终止,该移徙工人返回离境国的费用由自己承担,除非雇佣协议(合同)或劳务(提供服务)合同另有规定。

如果因雇佣者的过失而提前终止雇佣协议(合同)或劳务(提供服务)合同,移徙工人返回离境国的费用由雇主和企业承担,除非雇佣协议(合同)或劳务(提供服务)合同另有规定。

第 20 条 职业教育证件的认可

除非按照吉尔吉斯共和国立法规定的程序生效的国际条约另有规定,外籍工人在外国教育机构接受职业教育的证件,经法律认证后,得到吉尔吉斯共和国的承认。

第 21 条 社会保障

根据吉尔吉斯共和国立法和国际条约规定的程序,移徙工人必须购买国家社会保险,并享受国家保险和养老金的福利。

第 22 条 对移徙工人的健康损害赔偿

因履行劳动义务而对移徙工人造成伤害、其他健康损害或致其死亡的,应根据就业国的立法作出赔偿。

如果移徙工人因履行雇佣合同规定的劳动义务而死亡,就业国的企业应确保将死者的遗体和个人物品运送到离境国,并承担与此相关的所有费用。企业应向离境国的外交使团或领事机构办事处通报死亡事件的具体情况,并提交有关雇员死亡的材料。

如果移徙工人因在就业国履行劳动义务而受伤或生病,则不允许将其驱逐出境,除非其本人自愿离开就业国或根据就业国立法规定的程序生效的国际条约有此规定。

原籍国外交使团、领事机构或主管移民事务的国家权力机关的代表机构,应协助对移徙工人死亡或健康损害赔偿进行的刑事和司法调查。

第 23 条 收入的转存和汇入

移徙工人及其家庭成员可根据就业国的立法,将其收入所得转存和汇入离境国,除非国际条约和协定另有规定。

第 24 条 移徙工人的税收

对移徙工人征税根据就业国的法律或国际条约和协定进行。

依吉尔吉斯共和国法律规定的程序生效的国际条约,明确移徙工人所得收入免收双重征税。

第 25 条 移徙工人的个人财产、工具和设备的进出口

移徙工人及其家庭成员可在雇佣合同期限内,临时向吉尔吉斯共和国进口供其个人使用的物品、履行职能所需的工具和设备,也可根据吉尔吉斯共和国的法律向其出口这些物品、工具和设备。

第五章 法律责任

第 26 条 企业单位的法律责任

企业违反派遣吉尔吉斯共和国公民到国外就业和引入外国公民到吉尔吉斯共和国就业的规定程序,将依据吉尔吉斯共和国立法予以起诉。

从事与吉尔吉斯共和国公民在境外就业,以及引入外国劳工到吉尔吉斯共和国就业有关活动的企业,如其误导移徙工人,并向主管移民事务的国家权力机关提交关于劳工活动的虚假资料,将被剥夺开展该活动的权利,并根据吉尔吉斯共和国立法追究法律责任。

第 27 条 移徙工人的法律责任

外国公民和无国籍人抵达吉尔吉斯共和国后,在未获得主管移民事务的国家权力机关签发的相关劳务许可证情况下从事劳动,将按照吉尔吉斯共和国立法追究责任。

跨境移民工人抵达吉尔吉斯共和国后,在未获得个体户许可证的情况下从事个体经营,将按照吉尔吉斯共和国立法予以起诉。

(根据吉尔吉斯共和国 2020 年 6 月 26 日第 64 号法律修订)

第 28 条　防范非法劳工移民

对企业引入和雇佣外国劳工,以及派遣吉尔吉斯共和国公民到国外从事劳动活动的管制,由主管移民事务的国家权力机关与其他行政机关协作执行。

主管移民事务的国家权力机关与其他政府机关共同采取必要措施,防范和制止非法移民、非法雇佣吉尔吉斯共和国公民到国外就业,以及雇佣外国公民和无国籍人到吉尔吉斯共和国就业。

主管移民事务的国家权力机关,监督吉尔吉斯共和国企业开展的与吉尔吉斯共和国公民在境外就业,以及引进和雇佣外国公民在吉尔吉斯共和国就业有关的活动。

第 29 条　防范误导信息的措施

主管移民事务的国家权力机关与其他政府机关共同采取必要的措施,防止误导信息的传播。

根据吉尔吉斯共和国的立法,企业单位和媒体如违反对外劳工移民的宣传活动的程序,以及被认定为不恰当宣传,应承担相关法律责任。

第六章　附　　则

第 30 条　对外劳工移民的国际合作

为了解决对外劳工移民过程中出现的问题,主管移民事务的国家权力机关将与其他国家和有关国际组织的主管部门开展合作。

第 31 条　本法的生效

本法自正式公布之日起生效。

本法公开发布在 *Erkin Too* 2006 年 1 月 20 日第 4 期。

吉尔吉斯共和国政府在六个月内根据本法制定其规范性法律文件。

吉尔吉斯共和国总统

库尔曼别克·巴基耶夫(K. S. Bakiyev)

Chapter 3 第三章

边境检查法律法规

第一节 法律概况

一、立法基础和目的

边境安全问题一直以来都是吉尔吉斯斯坦颇为关切的问题，源于吉尔吉斯共和国边境安全情势不稳定，具体包括边境冲突不断、非法越界、走私毒品等活动频繁。边境冲突既起因于边界划界的历史遗留问题，诸如围绕乌兹别克斯坦在吉尔吉斯斯坦的飞地发生的军民冲突；也源于中亚国家在资源、反恐、毒品走私等方面存在的普遍性问题。诸如资源争夺产生的冲突，吉塔两国民间的水资源争夺、农牧资源争夺的冲突；毒品和走私活动，阿富汗毒品走私犯借道吉尔吉斯斯坦向俄罗斯等东欧国家走私毒品活动猖獗；[①]流窜于中亚区域的宗教极端分子常常在吉尔吉斯斯坦策划、实施恐怖袭击事件等，严重影响该国国内的社会安全。[②] 此

① 参见曲鸿渤：《吉尔吉斯斯坦近年边境安全形势及其影响》，载《俄罗斯学刊》2016 年第 2 期。

② 参见吴宏伟主编：《中亚安全与稳定研究》，社会科学文献出版社 2017 年版，第 9 ~ 10 页。

外，吉塔、吉中两国边境居民非法越界频发，也严重影响其边境安全。边境安全是国家安全的重要一环，影响一国的内政和外交安全。吉尔吉斯斯坦近些年加强了边境安全的法律和政策保障，2015年制定了《吉尔吉斯共和国边界法》，明确规范和保障"边境安全"组织和权责等法律制度和法律关系，吉尔吉斯共和国政府也围绕边境安全颁布了一系列法令，建立了相应的组织和体制。

本章介绍2020年通过的《建立吉尔吉斯共和国边境检查站管理制度的规则》，是吉尔吉斯共和国政府通过的关于边境检查站管理体制的具体实施细则。制定该法规的目的就是打击非法越界、走私活动，防范边境冲突，属于国家边境安全防控法律政策的一部分，其性质属于政府通过的规范性法律文件。该规范性法律文件依据《吉尔吉斯共和国边界法》中的"检查站制度"订立，该法第23条第2款明确，边境检查站制度由吉尔吉斯共和国政府依据本法和对吉尔吉斯共和国生效的国际条约制定。

二、主要内容

该规范性法律文件共63条，主要内容是关于"边境检查站的建立、管制职权和程序"，适用范围包括吉尔吉斯共和国边境铁路、公路、机场和航空港，规范的对象包括所有吉尔吉斯共和国公民、外国公民和无国籍人，以及边境通行的车辆、货物和牲畜。

具体内容包括：(1)一般规定：法规目的、立法依据、适用范围和规范对象；(2)检查站管理体制与出入境管制程序：边境检查站的管制内容、检查站在出入境中的管理职权；(3)过境人员、车辆、货物和牲畜出入检查站的规则，包括检查地点、证件和其他要求；(4)人员、车辆、货物和牲畜抵、离检查站的程序规则：抵达和离开吉尔吉斯共和国边境检查站的人员、车辆、货物、牲畜需要凭借有关机关签发的通行证通行，因此，这部分规定了通行证的类型和形式、签发主体和程序、拒绝签发的情形等规则；(5)对检查站管理的监管，包括主管边境守卫的国家权力机关管制部门会同交通运输管理部门共同监管个人和法人是否遵守检查站管理制度，以及由检查站管理部门和交通运输企业管理部门组建委员会负责检查站管理体制不足的监管;(6)检查站的其他通行限制:检查站在特定区域和特定时期实行的特殊限制;(7)个人和法人遵守检查站管理体制的义务:通行人员、车辆服务人员的义务,检查站内的禁止行为和活动,违法义务的法律责任。

第二节　法律文本

关于批准《关于建立吉尔吉斯共和国国家边境检查站管理制度的规则》《吉尔吉斯共和国边境检查站的经济和其他活动类型清单》的决定

(吉尔吉斯共和国政府令 2020 年 9 月 14 日第 484 号公告)

为实施《吉尔吉斯共和国边境法》第 23、26 条和第 31 条,并根据《吉尔吉斯共和国宪法》第 10 条和第 17 条的"关于吉尔吉斯共和国政府"的规定,吉尔吉斯共和国政府决定:

1. 批准:

——附录 1.《关于建立吉尔吉斯共和国国家边境检查站管理制度的规则》;

——附录 2.《吉尔吉斯共和国边境检查站的经济和其他活动类型清单》(略)。

2. 宣布吉尔吉斯共和国政府《关于批准通过吉尔吉斯共和国边境的汽车、行人和铁路检查站履行模式的规则》(2009 年 2 月 7 日第 80 号)的法令无效。

3. 本决定自正式公布之日起七天后生效。

吉尔吉斯共和国总理

K. 波罗诺夫(K. Boronov)

附录1：

关于建立吉尔吉斯共和国国家边境检查站管理制度的规则

第一章　一般规定

1.《关于建立吉尔吉斯共和国国家边境检查站管理制度的规则》(以下简称《规则》)规定了在吉尔吉斯共和国国家边境检查站(以下简称检查站)建立和实施管理制度的程序,包括人员、车辆、货物和牲畜进(出)、停留检查站,以及开展经济和其他活动的程序,以便为按照《吉尔吉斯共和国边界法》实施国家边境管制创造条件。

2. 吉尔吉斯共和国政府2007年11月19日颁布的第556号法令《关于简化吉尔吉斯共和国国家边境国际公路、航空和铁路运输检查站和公路固定哨所运行的措施》,规定了各个检查站执行的国家管制类型。

3. 本规定对所有吉尔吉斯共和国公民、外国公民和无国籍人、企业和组织的官员(无论其隶属关系和所有制形式)从事国际公路、航空、铁路客货运输的在检查站开展与确保其通行相关的活动,均具有约束力。

4. 本规则中管理制度的建立是指结合当地情况,在一个或多个过境点依法建立自然人和法人遵守该制度的程序。

5. 管理制度是指监督自然人和法人遵守规定的检查站规则和程序,具体由主管国家边境守卫的国家权力机关,与海关、航空检查站、航空安全服务部门协作进行。

6. 检查站的维护包括为维持运行生命支持以及为自然人和法人遵守制度规则而创造条件所必需的综合措施。

第二章　出入境管制及保障制度

7. 制定和实施出入境管制程序由主管边境守卫的国家权力机关决定,同时:

1)跨越欧亚经济联盟海关边境的公路边境口岸,管制程序与主管海关的权力机关协调；

2）火车站、汽车站、机场或航空港的检查站，结合交通基础设施的准入和场所内制度及其他安全规则的要求，管制程序与车站、机场或机场管理部门和主管海关的国家权力机关协调。

8. 根据本规则，边境和海关机关在与火车站、机场或机场管理部门和其他国家管制机关协调后，可结合当地情况，就检查站的管理制度问题发布联合命令（指示）。

9. 检查站的管理制度应排除以下可能性：

1）人员和车辆非法跨越吉尔吉斯共和国国家边境（以下简称国家边境）；

2）非法跨越国境转移货物和牲畜；

3）外国人或外国车辆未经许可进入在检查站关闭的区域、场所。

10. 在建立检查站管理制度时，应明确以下内容：

1）其运作的空间和时间限制；

2）检查站的区域界限，包括直接进行边境管制和海关管制的区域和场所，以及吉尔吉斯共和国已加入的按照法律规定的程序生效的国际条约和吉尔吉斯共和国保护国家边界法律确定的情况下，其他类型的国家管制的区域和场所；

3）人员和车辆进入检查站和离开检查站的地点和程序，以及货物和牲畜的进出口程序；

4）国家机关公务人员和服务人员办理公务活动通行证（许可证）的程序，以及临时开展活动的人员前往检查站的程序；

5）实施超出管理制度、行动空间和时间的限制的程序和性质；

6）国家管理机关各部门、火车站在检查站开展经济和其他活动的其他组织和企业的公务车辆的停放地点及其行驶路线。在机场的停放地点由机场或机场的管理部门决定。

11. 检查站的区域边界是海关管制区的边界，二者可能重合。

第三章 过境人员以及过境车辆、货物、牲畜进出检查站的规则

12. 为跨越国家边界而进出的人员，以及通过国家边界运输的车辆、货物和牲畜进入检查站，都要在指定的地点进行。同时，必须持有进出吉尔吉斯共和国领土的有效证件，车辆、货物和牲畜出入境的文件，以及吉尔吉斯共和国依法生效的国际条约规定的证件。

13. 人员、车辆、货物、牲畜及其他物品进出的规定场所，必须按照汽车和铁路检查站的要求建设和布置，并配备边境、海关检查和其他类型管制所需的设施设备。

14. 检查站范围内的区域必须用栅栏隔开，并标有“检查站”（Откоруу пункту、Пункт пропуска、Check point）的特殊矩形标志加以标识。

第四章 为进行经济和其他活动的人员进出检查站，以及为进行经济和其他活动的车辆、货物和牲畜进出检查站的规则

15. 为进行经济活动和其他活动而进出检查站的人员，以及为进行经济活动和其他活动而进出检查站的车辆、货物和牲畜，均凭借专门部门统一发放的通行证进行，这些通行证由以下部门发放：

1）公路边境口岸——主管边境守卫的国家权力机关；

2）交通基础设施内的检查站——由机场（航空港）、火车站的管理部门，经国家边境守卫的国家权力机关同意，以及必要情况下经活动区域的海关机关的同意，对进出海关区域场所的对象进行检查。

16. 通行证签字后签发，并须强制登记。

17. 人员和车辆进出检查站的通行证，以及货物和牲畜进出口的通行证，根据国家管制机关各部门负责人以及在检查站开展经济和其他活动的组织负责人的书面申请发放。

18. 在为人员签发通行证的书面申请中，应注明发起签发通行证的组织（企业）的全称、姓氏、名字、父名、出生日期和地点、居住（停留）地点、担任的职务、关于需要签发通行证的公民的身份证件、号码、签发日期和地点的信息，以及关

于在检查站停留的目的和需要签发通行证的期限的信息。

19. 在为国家管制机关的公务人员以及在检查站工作的国家安全、外交和内政的国家权力机关的公务人员发放通行证的书面申请中，只注明有关单位的全称、官员的姓氏、名字、父名、需要发放通行证的时期的资料。

20. 在为车辆签发通行证的书面申请中，应注明组织（企业）的全称、需要签发通行证的车辆信息，包括类型、品牌、型号和登记牌（号）、姓名的首字母和文件信息，证明车辆所在的人的身份，以及在检查站停留的目的和需要签发通行证的时间。对在机场、航空港区域运行的通行证发放程序的要求，由航空安全领域的相关法规和规则制定。

21. 签发通行证的申请在收到书面申请之日起 10 个工作日内予以审议。

22. 基于以下理由，拒绝签发通行证：

1）对本规则第 18 ~ 20 条规定的信息表达不完整或不准确；

2）检查站所在区域实施反恐行动法律管理制度下的紧急状态或戒严令；

3）根据主管国家安全的国家权力机关或执法机关的意见。

23. 拒绝签发通行证的情况应通知申请人。

24. 出入证以纸质形式或塑料（磁性）卡的形式制作，但必须遵守本规则附录中指定的详细信息。塑料（磁性）卡形式的通行证可能包含电子存储媒介，其中记录了通行证持有人的个人数据。

25. 机场或航空港管理部门发放的通行证的制作、储存、发放、统计均按照航空安全领域管理法规和规则的要求进行。

26. 通行证又细分为永久性、临时性、一次性和运输性通行证。

27. 在机场或航空港，通行证分为以下几种：

1）按有效期：永久、临时、一次性；

2）按用途：个人、运输和物资。

28. 通行证的签发和发放程序，以及有权签署这些通行证的公务人员名单，由机场、火车站（汽车站）、交通基础设施内的管理部门确定，在汽车检查站由国家权力机关在保护国家边境的地区部门和部门的负责人确定。

29. 永久通行证是发放给行使国家管制的公务人员、服务人员和其他经常在检查站的工作人员。永久通行证的签发期限为1年,随后可续签(更换),并包含以下信息:通行证号码、持有人的姓名、父姓和照片、有效期、签发人的姓名首字母、职位,以及指定人员的具体地点或工作领域。通行证中的照片由印章或其他保护手段证明。

30. 临时通行证(期限不超过1年)发给临时在检查站工作但根据其公务需要定期访问检查站的人员。临时通行证的签发期限到工作结束为止,但不超过1年,并包含以下信息:通行证号码、持有人的姓名和父姓、有效期、签发人的姓名首字母、职位。签发通行证的官员的签名要盖章。

31. 一次性通行证发放给白天到检查站检查的人,条件是此人必须由在检查站工作的某个国家机关或组织的负责人陪同。一次性通行证包含以下信息:通行证号码、持有人的姓名和父名、身份证件信息、有效期、签发人的姓名首字母、职位。签发通行证的官员的签名要盖章。

32. 要获得一次性通行证,申请人须提交书面申请:

1)在公路边境口岸——直接向主管国家边境守卫的国家权力机关的边境管制部门负责人申请;

2)在交通基础设施内的检查站——向机场、火车站的管理部门提交申请。

33. 车辆通行证(运输通行证)的有效期为1天至1年,包含以下细节:类型、品牌、型号、车辆登记号、车主信息、有效期、签发人的姓氏缩写和职位。

34. 货物和牲畜的进出口通行证(以下简称物资通行证)根据运输文件签发。物资通行证是一次性的,只对特定货物的一次进(出)货有效。物资通行证包含以下细节:进口到境内的货物的类别(类型),重量(体积);进口货物的车辆登记号;司机和随行人员的姓氏缩写。

35. 在检查站停留的理由到期或终止时,必须无条件归还永久、临时、一次性的运输通行证。

36. 如果公务人员具有服务证书或身份证件,则进入(通过)检查站的通行证是有效的,但在机场/航空港检查站长期有效的通行证除外,并且只有在其执行公务的区域,人员才有权在检查站境内停留。

37. 只有在通行证上有相应的标记,或者得到国家边境守卫的国家权力机关的边境管制部门负责人的许可时，才可以进入边境控制区。

38. 在吉尔吉斯共和国担任政府职务的人员前往检查站须持有证明（确认）其身份和职务的文件。

39. 在机场（航空港）内的检查站，吉尔吉斯共和国公职人员应根据航空安全法规的要求获准通过。

40. 国家边境保护领域的国家权力机关的公务人员、海关事务的国家权力机关的公务人员、检察官办公室、吉尔吉斯共和国外交事务的权力机关和执法机关的公务人员在检查站入境时，必须持有由相关国家机关的负责人与保护国家边境的国家权力机关的地方部门负责人协商后签署的服务证书和任务书（指示、旅行证明）。

41. 在机场或航空港内的检查站，公务人员的通行要按照进出和场所内管理制度的要求、航空安全以及运输基础设施的其他安全规则进行。

42. 吉尔吉斯共和国国家安全机构的工作人员到达检查站执行公务时，根据证明其职务的文件，按照国家安全和国家边境守卫的国家权力机关的联合法案规定的程序，获准进入检查站。

43. 外国驻吉尔吉斯共和国的外交使团和领事机构的工作人员，如果按照国际法的规定前来接收外交邮件和会见其本国公民（国民），可以使用吉尔吉斯共和国外交事务的国家权力机关签发的国家外交/公务/官方护照和认证卡进入检查站区域。

44. 为消除火灾、事故、其他自然和人为性质的紧急情况，以及疏散伤员和重病患者而赶来的搜救、山地救援、消防和救援单位、救护队的工作人员，可根据身份证件和（或）工作证进入检查站区域。

45. 从事人员、车辆、货物和物品登记和服务的国家管理机关下属部门、运输企业或其他组织的工作人员进入检查站，应按照国家管理机关或其他组织负责人制定的轮班时间表进行。

46. 在交通设施内的检查站停放外国旅行车辆的地点和时间由机场、航空港、火车站和车站的管理部门决定，有关情况必须通知国家边境守卫的国家权力机构。

47. 在公路边境口岸，外国旅行车辆的停放地点和时间由国家边境守卫的国家权力机构与海关事务的国家权力机关共同决定。

48. 在检查站行使国家管制的工作人员的公务车辆、特种车辆和个人车辆的停放地点由火车站、机场的管理部门确定，在公路边境口岸，由主管国家边境守卫的权力机关确定，检查站区域应确保外国旅行车辆遵守交通安全管理制度。

第五章　遵守检查站管理制度的监督

49. 主管边境守卫的国家权力机关的边境管制部门与主管运输基础设施安全的部门和人员合作，在检查站监管自然人和法人遵守管理制度的情况，监管在运输基础设施内的检查站进行。

50. 设立一个由检查站国家管制部门负责人和相关检查站区域内的运输企业行政管理人员代表组成的委员会，查明严重影响检查站管理制度规定的缺陷。委员会至少每季度进行一次管理制度情况的检查。检查材料作为一项报告，提交给交通运输基础设施管理部门、国家控制部门负责人以及位于检查站区域的其他组织，以采取措施消除所发现的缺陷，改善检查站的管理制度。

51. 如果国家机关、企业、机构或组织没有采取措施消除检查站管理制度的缺陷，国家边境守卫的国家权力机关将采取必要措施，通知相关机关负责人，以便迅速作出反应并消除缺陷。

第六章　检查站的其他通行限制

52. 检查站应确定国家可以直接控制的区域和场所。

53. 在直接进行边境和海关管制的区域，实行其他相应限制。

54. 进入实行其他限制和管理制度的区域，经保护国家边境的国家权力机关的边境控制部门负责人许可，检查站可对外国旅客的车辆进行检查。

55. 为了遵守边境管制区的管理制度，在交通运输基础设施内的检查站，主管国家边境守卫的国家权力机关可以引入许可证制度。

56. 在检查站对过境人员进行边境、海关和其他管制时，禁止以任何方式妨碍公务人员履行职责。

57. 旅客在离境（入境）时上（下）外国旅行车辆须经边境管制机关许可，行李、邮件、货物和牲畜的装载（卸载）须经边境管制机关和海关机关许可。

58. 外国车辆只有在得到边境管制机关许可的情况下，才能离开或进入检查站区域，或变换停车地点。

59. 主管边境守卫的国家权力机关在检查站按照吉尔吉斯共和国法律规定的程序开展特别行动时，可以实行相应的限制，其中包括：

1）暂停或终止人员和车辆过境；

2）重复检查证件和车辆专项检查；

3）为保障安全，在检查站隔离相关人员。

第七章　自然人和法人遵守检查站管理制度的义务

60. 在边境口岸逗留的自然人和法人有义务遵守检查站管理制度的既定规则。

61. 参与国际运输的交通部门工作人员，包括服务人员和车辆驾驶员，必须：

1）采取措施，防止未通过边境检查站和其他国家管制区域的人员携带禁止进出口的货物和物品进入车辆；

2）按照国家管制部门公务人员的要求，出示铅封（封存）的货车、集装箱、汽车和其他车辆进行检查，如果有迹象表明其中藏有未经许可的人和禁止进出口的物品，或包装和封条遭受破坏的情况下，应出示其所运输的货物和物品，以供检查；

3）通知乘客到达检查站和即将进行边境管制，在国家管制期间限制乘客在车上的行动，向边境机关通报乘客的数量和沿途的可疑行为；

4）向边境管制机关的公务人员通报被驱逐出境和不准乘坐车辆进入外国的人员，以及在旅行期间发生的违法行为。

62. 在检查站禁止：

1）违反本规则规定的程序进入检查站区域、建筑物、场所、构筑物和车辆；

2）在检查站区域持有过期或信息错误的身份证或通行证或持有未至生效日期的证件；

3）在检查过境人员证件的场所和办公场所，未经主管国家边境守卫的国家权力机关工作人员的许可，越过护照检查亭的界限；

4）缺少通行证相关附件而从检查站带出（运出）物资、货物和牲畜；

5）在未获得权力机关签发的许可证的情况下，携带枪支、爆炸物和其他危险品进入检查站；

6）居住在检查站禁区内的服务设施、公用设施和其他场所；

7）在检查站进行非法经济和其他活动；

8）乘坐私人车辆进入检查站（为进入吉尔吉斯共和国而使用该车辆或为离开吉尔吉斯共和国除外）；

9）委托抵达和离开吉尔吉斯共和国的人员和车辆转移未完成边境检查与海关放行的任何物品；

10）在检查站处于药物或酒精中毒状态；

11）未经国家边境守卫或交通运输基础设施管理的国家权力机构公务人员的许可，进行拍照和录像；

12）未经许可将车辆驶过检查站，改变停车地点，上下乘客，以及装卸货物和行李。

63. 国家管制机关在检查站的协调活动由以下方面负责：

1）检查站管理制度——边境管制部门负责人；

2）海关检查站制度——海关检查站相关部门负责人；

3）生产和经济活动——检查站行政部门负责人。

64. 在检查站违反管理制度的个人和法人将根据《吉尔吉斯共和国违法行为法》追究责任。

Chapter 4
第四章
投资法

第一节　法律概况

一、《吉尔吉斯共和国投资法》的历史沿革

吉尔吉斯斯坦的投资立法大致经历了两个发展阶段，即外资立法的形成与发展阶段和投资立法的完善阶段。

苏联时期，由于众所周知的历史、经济和意识形态因素的影响，仅有少数法律条款调整国家直接参与投资活动的投资关系。20世纪80年代中期，苏联在全国各地开始的“改革”也影响到对外经济活动，投资活动在苏联真正地发展起来。有数据显示，截至1987年10月苏联成立了12家合资企业，而截至1989年5月5日共有448家合资企业在苏联注册。20世纪90年代初苏联依次颁布了《投资活动法》(1990年)和《外国投资法》(1991年)，外国投资者和国内投资者成为了投资关系的主体。随着苏联的解体，包括吉尔吉斯共和国在内的独联体国家的社会生活发生了根本性的变化，经济逐步由计划经济向市场经济过渡，吉尔吉斯斯坦开始逐步建立本国的投资法律体系。

吉尔吉斯斯坦于1991年颁布了第一部《吉尔吉斯共和国外

国投资法》(以下简称《外国投资法》),规定了投资形式、投资程序和投资主体等与投资活动有关的概念,含有大量苏联的立法条款,反映了这一时期吉尔吉斯斯坦沿袭苏联而发展起来的立法制度的特点。1997 年颁布的《外国投资法》,更详细地规定了投资的概念,列举了从事投资活动的主体并为投资者提供广泛的保障。《外国投资法》对其外商投资法律体系的发展具有深远的影响。直到现在,一些外资法律规制的概念,尤其是作为外商投资主要形式的“外商投资企业”的相关条款,在吉尔吉斯斯坦立法中得到保留。

随着吉尔吉斯斯坦经济体制改革的不断深入,其投资立法进入完善阶段。2003 年 3 月 27 日吉尔吉斯斯坦颁布了《吉尔吉斯共和国投资法》(以下简称《投资法》),取代了 1997 年制定的《外国投资法》。与之前的立法相比,《投资法》采用单轨制立法模式,调整的投资关系更为宽泛,不仅包括外国投资者在吉尔吉斯斯坦的投资活动中产生的关系,还包括本国投资者在吉尔吉斯斯坦的投资活动中产生的关系。其体现的指导思想为:改善吉尔吉斯共和国的投资环境,吸引国内外投资,并为投资者提供公平、平等的法律制度,保护其对吉尔吉斯共和国经济的投资。该法是吉尔吉斯斯坦投资领域的基本法,与《吉尔吉斯共和国宪法》及特许权法、自由贸易区法、土地法、税法、行政许可法等与投资相关的其他法律法规一起构成了相对完整的吉尔吉斯共和国投资法律体系。

二、《投资法》的主要内容

《投资法》(2003)历经 2004 年、2006 年、2008 年、2009 年、2015 年、2016 年、2018 年、2020 年多次修订,共 5 章 25 条,其主要内容有:第一章,一般规定,包括基本概念、投资法律体系和投资稳定制度、投资法的适用范围;第二章,对投资者的法律保障,包括对投资和投资者的保护、向吉尔吉斯斯坦境外汇出或抽回投资、财产和信息的保障、投资免受没收及对投资者损失赔偿的保障、使用收益的保障、货币交易自由的保障、获取公开信息的自由的保障、特许权协议、在经济特区投资适用的法律;第三章,国家对投资者和投资的支持,包括国家支持投资者和投资的目的、与投资相关的国家职能部门;第四章,适用于投资者的劳动法规,包括投资者与吉尔吉斯斯坦公民之间的劳动关系、雇佣非吉尔吉斯共和国国籍的员工、社会保险和保障;第五章,最后条款,包括投资争端的解决、对投资的担保、投资者遵守吉尔吉斯共和国法律的义务、外资法人进行国家注册的特点、投资竞标、投资保险、透明度、投资法对在其生效前存续的外国投资的适用、透明度、生效条件。

现行的《投资法》在基本概念中引入投资方案的概念,即在考虑到启动项目的具体情况下,向投资者提供的一套解决方案,其中包括投资建议、项目基础设施、资产、原材料基地和销售市场的分析,并提供许可和优惠。国家职能部门根据吉尔吉斯共和国政府颁布的关于投资方案形成和授予的程序规则,依据竞标结果向投资者提供投资方案。受世界范围内新冠肺炎疫情对投资环境的影响,吉尔吉斯斯坦降低了由政府与投资者直接谈判签订投资协议的投资项目门槛,项目投资额由原来的不少于5000万美元降低至1000万美元。

吉尔吉斯斯坦的《投资法》对投资主体和投资形式都做了较为宽泛的界定,投资主体包括在吉尔吉斯斯坦境内从事投资活动的自然人、法人,根据吉尔吉斯共和国国际条约创建的法人,外国的非法人组织和国际组织。投资形式为:货币、动产和不动产、财产权(抵押、留置权、质押和其他财产权)、在法人实体中的股份和其他形式的参股、债券和其他债务、非财产性权利(包括知识产权,如商业信誉、版权、专利、商标、工业品外观设计、工艺流程、品牌名称和专有技术)、从事许可经营活动的各种权利,以及吉尔吉斯共和国国家机关授予的其他形式的经营活动的权利、吉尔吉斯共和国法律规定的特许权(包括勘探、开发、开采或经营吉尔吉斯共和国自然资源的特许权)、在吉尔吉斯共和国境内投资和再投资所得利润或收益、吉尔吉斯共和国法律不禁止的其他投资形式。投资者可以通过下列方式进行投资活动:创建外资参股企业(合资企业),设立外商独资企业及其分支机构和代表处,获得企业、物业、建筑物、构筑物、企业股份及其他股份、债券和其他证券的所有权,取得土地和其他自然资源的使用权以及其他财产权等,提供贷款、信贷、财产和产权等。

根据《投资法》,在对吉尔吉斯共和国有关税收和非税收的法律法规进行修订和补充的情况下,投资者享有稳定权,即投资者有权选择对其和/或被投资企业有利的法律制度。在签订稳定协议的前提下，投资者需满足以下条件：投资自签署稳定协议之日起 3 年内，对投资项目进行投资的金额不少于 300 万美元，或从事有关矿产资源开发利用的投资者自签署稳定协议之日起 5 年内，对投资项目进行投资的金额不少于 2000 万美元。除此之外，投资者还享有免受国有化和征收、资本及收益的自由移转、货币交易自由、获取公开信息的自由、获得特许权等权利与保障。

促进投资的国家职能部门具有下列职能：保障国家机关和投资者之间的联系，收集、发布投资信息，提供法律、经济和其他业务咨询，提供审批信息，协助审批投资项目，为解决现有或潜在的投资争议提供支持与保护，起草改善投资环境的提案，参与有关投资的国际谈判或磋商，推行促进国际合作，提供咨询服务，组织和举办投资项目或投资规划的竞标活动以及旨在支持和保护投资者的其他职能。

根据《投资法》，投资者与吉尔吉斯共和国政府机构之间的任何投资争端可通过协议选择任何司法机构解决，包括吉尔吉斯共和国境内外的仲裁法院、国内和国际仲裁机构。在没有此类争端解决协议的情况下，则应尽可能由双方协商解决。如果双方未能在第一次书面请求之日起 3 个月内和平解决争端，应通过司法程序解决。投资争端的任何一方均可根据《关于解决国家与他国国民之间投资争端公约》或根据《附加便利规则》，向国际投资争端解决中心（ICSID）提出申请，也可以提交仲裁机构或根据《联合国国际贸易法委员会的仲裁规则》设立的国际临时仲裁庭（商事法庭）仲裁。

外国投资者与国内投资者之间的投资争议，可根据双方达成的协议交由包括吉尔吉斯共和国境外的仲裁法庭在内的仲裁机构解决。若双方间未达成此类协议，则依照吉尔吉斯共和国法定程序交由吉尔吉斯共和国司法部门审理解决。

第二节 法律文本

吉尔吉斯共和国法律

2003 年 3 月 27 日第 66 号

吉尔吉斯共和国投资法

(根据吉尔吉斯共和国 2004 年 6 月 14 日第 76 号、2006 年 7 月 31 日第 144 号、2008 年 6 月 23 日第 127 号、2008 年 10 月 17 日第 231 号、2009 年 4 月 30 日第 141 号、2009 年 7 月 16 日第 222 号、2009 年 10 月 22 日第 284 号、2015 年 2 月 6 日第 31 号、2015 年 2 月 13 日第 32 号、2016 年 12 月 16 日第 207 号、2018 年 4 月 13 日第 39 号、2018 年 8 月 6 日第 88 号、2020 年 12 月 26 日第 12 号法律修订)

本法规定了国家投资政策的基本原则,旨在改善吉尔吉斯共和国的投资环境,吸引国内外投资,并为投资者提供公平、平等的法律制度,保护其对吉尔吉斯共和国经济的投资。

第一章 一般规定

第 1 条 本法中使用的基本概念

1. 投资是指投资者将其直接或间接拥有或控制的有形和无形的各类资本,投入经济活动中,以赚取利润和(或)其他效益,其形式为:

——货币;

——动产和不动产;

——财产权(抵押、留置权、质押和其他财产权);

——在法人实体中的股份和其他形式的参股；

——债券和其他债务；

——非财产性权利（包括知识产权，如商业信誉、版权、专利、商标、工业品外观设计、工艺流程、品牌名称和专有技术）；

——从事许可经营活动的各种权利，以及吉尔吉斯共和国国家机关授予的其他形式的经营活动的权利；

——吉尔吉斯共和国法律规定的特许权，包括勘探、开发、开采或经营吉尔吉斯共和国自然资源的特许权；

——在吉尔吉斯共和国境内投资和再投资所得利润或收益；

——吉尔吉斯共和国法律不禁止的其他投资形式。

投资资本的形式或该资本形式的改变，不会影响其投资性质。

2. 直接投资——投资者拥有或获取在吉尔吉斯共和国境内设立或重新创建的股份公司不少于三分之一的股份或股东表决权，或以其他形式参与经济实体和投资者与被投资企业之间的全部后续业务，资本投资于吉尔吉斯共和国境内设立的法人实体的分支机构或代表处的固定资产。

3. 投资者是指以自有资本、借贷或募集的资金进行直接投资活动的主体。

国内投资者——吉尔吉斯共和国的法人和自然人，以及具有吉尔吉斯共和国居民身份并在吉尔吉斯共和国境内进行投资活动的外国公民和无国籍人士。

外国投资者——投资于吉尔吉斯共和国经济的任何非国内自然人和法人投资者，包括：

1）自然人，即外国公民或长期居住在吉尔吉斯共和国境外的无国籍人士；

2）法人，即根据外国法律创建和注册的或有外资参与的，且根据吉尔吉斯共和国法律创建的法人，包括：

a）由一个或多个外国自然人、法人全资所有的法人；或

b）由一个或多个外国自然人、法人通过书面合同控制和管理，且有权出售大部分股份、有权任命执行或监督机构的大部分成员的法人；或

c）外国公民、长期居住在国外的无国籍人士或本条所述的法人拥有不少于百分之二十的股份或股东表决权的法人；

3)根据吉尔吉斯共和国国际条约创建的法人;

4)外国的非法人组织;

5)国际组织。

4. 投资活动——投资者实施与其投资有关的实践活动与行为。

4-1. 投资协议是投资者与吉尔吉斯共和国政府、法人和自然人之间签订的协议,该协议确定了实施投资项目的程序。

4-2. 投资项目是根据在投资协议基础上制定的一系列措施和文件,在一定期限内实际实施的投资,直至取得预期结果。

4-3. 投资方案是在考虑到启动项目的具体情况下,向投资者提供的一套解决方案,其中包括投资建议、项目基础设施、资产、原材料基地和销售市场的分析,并提供许可和优惠。

5. 再投资,是指投资者以其在吉尔吉斯共和国的投资所得的收益或利润,对吉尔吉斯共和国境内的经营实体进行的投资活动。

6. 投资争议,是指投资者与吉尔吉斯共和国政府机构、国家公务人员及投资活动的其他参与者之间在投资实施过程中发生的争议。

7. 国家职能部门,是指由吉尔吉斯共和国政府授权的,负责在吉尔吉斯共和国境内促进投资和协调投资活动的政府机构。关于职能部门的相关规定由吉尔吉斯共和国政府批准。

8. 被投资企业,是指在吉尔吉斯共和国境内成立的合资企业或公司,投资者对其进行投资活动。

9. 稳定制度,是指在对吉尔吉斯共和国有关税收和非税收的法律法规进行修订和补充的情况下,对投资者和/或被投资企业有利的法律制度。

(根据吉尔吉斯共和国 2008 年 6 月 23 日第 127 号、2015 年 2 月 6 日第 31 号、2015 年 2 月 13 日第 32 号法律修订)

第 2 条 吉尔吉斯共和国关于投资和稳定制度的法律

1. 关于投资制度的法律包括《吉尔吉斯共和国宪法》、本法和吉尔吉斯共和国的其他法律法规。

2. 在本法、吉尔吉斯共和国的税收立法和非税收支付立法有修订或补充的情况下，投资者以及符合本条规定条件的被投资企业，在签署稳定协议之日起的十年内，有权选择对其最有利的规定并依其缴纳税款（包括增值税但不包括其他间接税）和非税款（国家机构提供的服务付款除外）。在税收和非税收法律关系中适用稳定制度的程序和条件由吉尔吉斯共和国法律规定。

稳定制度不能成为限制签署稳定协议的投资者和/或被投资人使用吉尔吉斯共和国法律规定的有利条件的依据，但该法律必须是在稳定协议签署后生效。

3. 稳定制度的权利通过以下方式行使：

a）投资者自签署稳定协议之日起三年内对被投资企业的资本进行投资，包括通过增加流通股数量、增加法定资本的方式对被投资企业的法定资本进行投资，金额不少于300万美元，按签署稳定协议当日吉尔吉斯共和国国家银行的汇率以及被投资企业本身的利率确定；或

b）从事与研究、探矿、勘探、开发矿产有关的活动的投资者，自签署稳定协议之日起五年内对被投资企业的资本进行投资，包括通过增加流通股数量，增加被投资企业的法定资本的金额不少于2000万美元，按签署稳定协议当日吉尔吉斯共和国国家银行的汇率以及被投资企业本身的利率确定。

4. 投资者不履行对被投资企业的投资义务，则终止稳定协议并向投资者、被投资企业收取因其适用稳定制度而未缴纳的税款和非税款。

5. 投资者和/或被投资企业的股东或参与者的组成发生变化，并导致本法规定的适用稳定制度的权利终止和其期限的届满。

（根据吉尔吉斯共和国2015年2月13日第32号法律修订）

第3条 本法的适用范围

1. 凡与在吉尔吉斯共和国境内的直接投资有关的关系，均受本法以及根据本法制定的吉尔吉斯共和国的其他法律法规的约束。

2. 对信贷和保险机构的投资由吉尔吉斯共和国专门的法律法规规范。

第二章 对投资者的法律保障

第4条 对投资和投资者的保护

1. 吉尔吉斯共和国对在其境内投资的外国投资者适用吉尔吉斯共和国法

人和自然人适用的国家经济活动制度。

2. 在吉尔吉斯共和国从事投资活动的外国投资者及其代表和外籍工作人员有权在吉尔吉斯共和国境内自由流动，但吉尔吉斯共和国相关法律对外国人居留规则和程序另有规定的地区除外。

3. 吉尔吉斯共和国通过国家职能部门向本国和外国投资者提供平等的投资权利，不论其公民身份、国籍、语言、性别、种族、宗教、从事经济活动的地点，以及投资者或投资来源国的不同，但吉尔吉斯共和国法律另有规定的除外。

4. 吉尔吉斯共和国不得通过国家职能部门、国家公务人员和地方自治机构干涉投资者的经济活动、权利及其合法权益，但吉尔吉斯共和国法律另有规定的情况除外。

5. 吉尔吉斯共和国的国家公务人员如不遵守本条规定，应根据吉尔吉斯共和国法律追究其责任。

6. 若受吉尔吉斯共和国法律保障的投资者的权利和利益遭受侵害，则应根据吉尔吉斯共和国的法律和国际条约的规定予以救济。

7. 在优先发展的经济和社会领域及国家发展纲要（计划）规定的地区进行投资的投资者，可以根据吉尔吉斯共和国的法律规定享受投资优惠。

8. 允许以任何形式对吉尔吉斯共和国法律不禁止的项目和活动进行投资，包括根据《吉尔吉斯共和国许可证法》获得许可的各种活动。

（根据吉尔吉斯共和国 2004 年 6 月 14 日第 76 号法律修订）

第 5 条　对向吉尔吉斯共和国境外汇出或抽回投资、财产和信息的保障

1. 投资者有权将本法第 6 条规定的赔偿金以及在吉尔吉斯共和国境内投资所得的收益以可自由兑换的货币形式自由汇出或抽回，包括但不限于如下收益：

a）以红利、利息和其他形式获得的投资利润；

b）投资者部分或完全终止在吉尔吉斯共和国的投资活动，或转让投资、所有权和财产权后获得资本，但不影响投资者履行对吉尔吉斯共和国或其他债权人的义务。

2. 最初以凭证形式或电子载体形式将财产和信息输入吉尔吉斯共和国境

内作为投资的投资者,有权将上述财产和信息输出吉尔吉斯共和国(无须配额、许可证和其他调节外贸活动的非关税措施的限制)。

第6条 保证对投资不实行征收和对投资者损失的赔偿

1. 除吉尔吉斯共和国法律规定的情况外,对投资不实行征收,投资不受征收(国有化、征用或其他同等措施,包括因吉尔吉斯共和国授权国家机构的作为或不作为,导致投资者的资本被强制没收或使其丧失对投资成果的使用权)。除非根据吉尔吉斯共和国的法律规定,为了公共利益,在非歧视原则的基础上,遵循适当的法律程序进行征收,并对包括利润、损失在内的损害给予及时、适当和真实的赔偿。

2. 赔偿金额应等值于征收决议生效当日被没收的全部或部分投资包括利润损失在内的实际市场价格。实际市场价格不得反映因提前获悉没收信息而导致的任何价值变化。

3. 赔偿必须是可行的,并在双方商定的期限内完成,以可自由兑换的货币支付。赔偿金包括伦敦银行同业拆借利率 LIBOR 计算的相应期限的利息,以美元计。如果期限超过 1 年,则使用 12 个月的伦敦银行同业拆借利率 LIBOR。

4. 根据有关法律规定,若投资者对被征收的投资提出索赔,包括要求按照本条规定对其投资进行评估并支付赔偿金,投资者有权要求吉尔吉斯共和国的司法机关或其他主管国家机关迅速审理案件,但不得违反本法第 18 条规定的投资者损失赔偿程序。

5. 若投资者在吉尔吉斯共和国的投资因战争或其他武装冲突、革命、紧急状态、内乱或其他类似情况而受到损害,该投资者享有不低于吉尔吉斯共和国法人和自然人的法律地位和待遇。

第7条 使用收益的保障

1. 投资者有权自由自主地拥有、使用和支配自己的投资及投资获得的收益和利润,用于吉尔吉斯共和国法律不禁止的用途。

2. 为保存和使用收益和其他资金,投资者有权根据吉尔吉斯共和国法律在吉尔吉斯共和国境内开立本币账户和外币账户。

第8条 货币交易自由

1. 投资者可根据《吉尔吉斯共和国银行与银行活动法》以及吉尔吉斯共和国关于外汇管理的其他法规进行外汇交易。

2. 投资者在支付吉尔吉斯共和国投资的有关款项时,有权将吉尔吉斯共和国的本国货币自由兑换成任何其他货币。

3. 所有与投资有关的外币资金往来,均可按照吉尔吉斯共和国的法定程序自由无阻碍地进行。

4. 若吉尔吉斯共和国法律对外币的汇入和汇出实行限额,该限制将不适用于外国投资者。只有在打击资助恐怖主义活动和使犯罪所得合法化(洗钱)的行为时,方可依法对外国投资者实行此类限制措施。

(根据吉尔吉斯共和国2009年4月30日第141号、2016年12月16日第207号、2018年8月6日第88号法律修订)

第9条 自由获取公开信息

1. 以任何方式影响投资者利益的所有吉尔吉斯共和国规范性法律文件和法院判决,均应使投资者知情,并且在吉尔吉斯共和国法律明文规定的情况下予以公布。

2. 吉尔吉斯共和国的国家机关和国家公务人员应根据投资者要求,按照吉尔吉斯共和国法定程序,向其提供有关公开信息。

第10条 投资者的经济独立性与对投资者权利的承认

1. 投资者可以自由选择拟设立的法人的资本规模、资产组成和资本结构,除非吉尔吉斯共和国法律另有规定。

2. 投资者有权根据吉尔吉斯共和国的法律,与法人和自然人(包括外国法人和自然人)一起从事投资活动所必需的经济活动。

3. 投资者可根据吉尔吉斯共和国法律在吉尔吉斯共和国境内设立子公司、分公司和代表处。分公司和代表处根据母(主)公司批准的规章制度运作,并以母公司的名义从事经营。母(主)公司对分公司和代表处的活动负责。

4. 投资者有权依据协议,根据吉尔吉斯共和国的法律规定,转让权利(债权转让)和转移义务(债务转移)。

5. 根据吉尔吉斯共和国的法律规定，投资者可以按照自愿原则在吉尔吉斯共和国境内组建协会和其他团体。

6. 投资者有权以贷款、发行有价证券和债券的形式在吉尔吉斯共和国融资。投资者的财产、各种财产性和非财产性的权利可作为其债务担保。

7. 投资者可以在吉尔吉斯共和国法律规定的条件下，按照法定程序，通过收购国有和公有财产的所有权，或收购其在私有化企业法定资本中的份额、股份（股权、出资），参与国有和公有财产的私有化。

8. 投资人有权按照吉尔吉斯共和国法律的规定，购买国家有价证券、在吉尔吉斯共和国注册的法人的股票和其他有价证券。

9. 吉尔吉斯共和国及其国家公务人员承认投资者在知识产权和财产方面的所有权利，以及与外国投资有关的权利。

10. 当建筑物和构筑物的所有权发生转移时，相关土地的使用权也将按照吉尔吉斯共和国法定程序和规则一并转移。

11. 投资者可以根据吉尔吉斯共和国法定程序获得土地的租赁权。

（根据吉尔吉斯共和国 2009 年 10 月 22 日第 284 号法律修订）

第 11 条　特许权协议

1. 依据投资者与吉尔吉斯共和国职能部门按照吉尔吉斯共和国法定程序签订的特许权协议，投资者享有获得勘探、开发和经营自然资源和地下资源以及从事其他经济活动的特许权。

2. 吉尔吉斯共和国的法律未予以禁止，且符合特许权协议目标的所有领域和项目均可允许特许经营。

第 11－1 条　吉尔吉斯共和国政府签订的投资协定

1. 如果投资项目的发起人是投资者，吉尔吉斯共和国政府有权根据经济和社会领域优先部门的国家发展计划签订投资协议以实施投资项目。若投资者在投资项目中的投资额不低于 1000 万美元，且具有普遍认可的国际商业信誉及类似投资领域的成功实施项目的独特知识和经验，吉尔吉斯共和国政府和投资者之间可直接谈判缔结投资协定。

2. 吉尔吉斯共和国政府与投资者签订的投资协定不能规定提供吉尔吉斯

共和国法律没有规定的利益和优惠。

3. 本条规定不适用于吉尔吉斯共和国缔结国际条约。

(根据吉尔吉斯共和国2015年2月6日第31号、2020年12月26日第12号法律修订)

第11-2条 投资方案

国家职能部门根据吉尔吉斯共和国政府制定的关于投资方案形成程序规则,依据竞标结果向投资者提供投资方案。

(根据吉尔吉斯共和国2020年12月26日第12号法律修订)

第12条 在经济特区的投资

吉尔吉斯共和国关于经济特区的法律规范适用于在经济特区进行的投资。

第三章 国家对投资者和投资的支持

第13条 国家对投资者和投资支持的宗旨

1. 国家对投资者和投资提供支持和保护,旨在创造良好的投资环境,吸引直接投资到共和国的经济中。

2. 国家职能部门负责支持和保护投资者,并促进投资。

第14条 为投资者提供支持和保护,并促进投资的国家职能部门

1. 为了支持和保护投资者,促进其在吉尔吉斯共和国的投资,国家职能部门根据吉尔吉斯共和国政府颁布的有关规定,履行下列职能:

——保障国家机关和投资者之间的联系;

——准备和发布关于吉尔吉斯共和国的投资机会和规则的相关信息;

——向潜在投资者提供法律、经济和其他具体业务方面的咨询;

——向投资者提供与开展业务审批程序所必需的信息,并给予适当的协助;

——积极协助现有和潜在的投资者解决困难,包括在其遭受国家机关和其他机构的违法或干涉行为时,提供投资者帮助和保护;

——为吉尔吉斯共和国国家机构起草改善吉尔吉斯共和国投资环境的提案;

——行使吉尔吉斯共和国的授权机关的职能,在职权范围内参与有关投资

的国际谈判或磋商；

——采取旨在保障吉尔吉斯共和国履行其在国际条约中的义务的措施，推行促进国际合作的措施，组织研究和运用外国经验；

——向国家机关和国家公务人员就现有或计划实施的投资政策提供咨询服务；

——与有关部委和部门共同组织和举办投资项目和投资规划的竞标活动；

——履行旨在促进吉尔吉斯共和国投资、支持和保护投资者的其他职能。

2. 在平等的基础上，投资者有权利（但没有义务）利用促进投资的国家职能部门提供的服务，以发展和保护其利益。

第四章　适用于投资者的劳动法规

第 15 条　投资者与吉尔吉斯共和国公民之间的劳动关系

投资者与吉尔吉斯共和国国籍雇员之间的劳动关系受吉尔吉斯共和国劳动法调节。

第 16 条　雇佣非吉尔吉斯共和国国籍的员工

1. 投资者有权根据吉尔吉斯共和国的法律自由雇佣非吉尔吉斯共和国国籍的雇员。非吉尔吉斯共和国国籍的雇员可受聘为企业管理人员。

2. 投资者支付给员工的工资、奖金和其他形式的补偿以及员工的其他收入，可按照吉尔吉斯共和国的法定程序自由汇出吉尔吉斯共和国境外。

3. 国家职能部门协助外国公民办理其在吉尔吉斯共和国投资活动期间的出入境手续和居留手续。

第 17 条　社会保险和保障

1. 投资者为其雇佣的吉尔吉斯共和国国籍员工和吉尔吉斯共和国法律认定的无国籍员工缴纳吉尔吉斯共和国法律规定的所有种类的国家社会保险金。

2. 除非吉尔吉斯共和国的国际条约另有规定，外国投资者有权将外国雇员的社会保险和社会保障金汇入相应的外国基金。

第五章　附　　则

第 18 条　投资争端的解决

1. 投资争议可按照投资者与吉尔吉斯共和国国家机关预先商定的任何程序解决,投资者也可采用吉尔吉斯共和国法律规定的其他法律救济措施。

2. 投资者与吉尔吉斯共和国国家职能部门之间的投资争端,在没有争端解决协议的情况下,应尽可能由双方协商解决。若争端双方在书面协议之日起的3 个月内未能达成和解,只要其中一方不同意采用如下任意一种方法解决该争端,则他们之间的投资争端将交由吉尔吉斯共和国司法部门裁决:

a)根据《关于解决国家与他国国民之间投资争端公约》或根据《附加便利规则》,向国际投资争端解决中心提出申请;

b)提交仲裁机构或根据《联合国国际贸易法委员会的仲裁规则》设立的国际临时仲裁庭(商事法庭)仲裁。

3. 若投资争端被移交到本条第 2 款 a)项和 b)项所述的仲裁机构,则吉尔吉斯共和国无权要求在争端被提交给国际仲裁之前先行适用任何内部行政或司法程序。

4. 若外国投资者和国内投资者之间不能就解决双方投资争端的方式达成一致,包括国内和国际仲裁的方式,则他们之间的投资争端将交由吉尔吉斯共和国司法部门审理。

5. 外国投资者与吉尔吉斯共和国的自然人、法人之间的争端,可根据双方达成的协议交由包括吉尔吉斯共和国境外的仲裁法庭在内的仲裁机构解决。若双方间未达成此类协议,则依照吉尔吉斯共和国法定程序解决。

第 19 条　吉尔吉斯共和国对投资的担保

吉尔吉斯共和国不对吉尔吉斯共和国侨民和非侨民吸引外国和/或国内投资的担保负责,但根据吉尔吉斯共和国法律规定由国家作担保的情况除外。

第 20 条　投资者须遵守吉尔吉斯共和国法律

1. 投资者在吉尔吉斯共和国境内进行经济活动时,必须遵守吉尔吉斯共和国的法律。

2. 若投资者违反吉尔吉斯共和国的法律规定，则其根据吉尔吉斯共和国的法律规定承担相应的责任。

第 21 条 外国法人进行注册的特点

有外国参与的法人及其分支机构和代表机构的国家注册、再注册和清算均应根据《吉尔吉斯共和国民法典》和吉尔吉斯共和国关于法人、分支机构（代表机构）注册的法律法规办理。

外国投资者还需提交下列文件：

作为创办人的外国法人——其在本国的注册资料，该资料能证明创办人是根据其本国法律合法存续的法人，并附有经公证的吉尔吉斯国家或官方语言的译本。独联体成员国的法人提供上述文件无须认证。

作为创办人的外国自然人——其护照或其他身份证明文件（注明签证有效期）的复印件，并附有经公证的吉尔吉斯国家或官方语言的译本。

（根据吉尔吉斯共和国 2016 年 12 月 16 日第 207 号法律修订）

第 21－1 条 投资竞标

1. 投资竞标是为实施投资项目提供货物、工程、服务和咨询服务的投标人中标的过程。

2. 投资竞标的方法由吉尔吉斯共和国政府与吉尔吉斯共和国议会协调批准。

（根据吉尔吉斯共和国 2018 年 4 月 13 日第 39 号法律修订）

第 22 条 投资保险

1. 投资和投资者风险的保险在自愿的基础上投保。若吉尔吉斯共和国法律对投资保险未作出强制规定，则投资和投资者风险可在吉尔吉斯共和国境内外投保。

2. 吉尔吉斯共和国不对保险机构的义务承担任何责任。

第 23 条 本法对在其生效前存续的外国投资的适用

本法生效前在吉尔吉斯共和国注册的外国投资者，在其有效期届满之前，应享受《吉尔吉斯共和国外国投资法》（《吉尔吉斯共和国最高苏维埃公报》1991 年第 13 期，第 449 页）第 20 条第 1 款和第 23 条规定的优惠。该法于 1993

年 5 月 7 日和 1995 年 7 月 28 日进行了修订和补充。(《吉尔吉斯共和国议会公报》1993 年第 9 期,第 181 页;1995 年第 10 期,第 390 页)

第 24 条　从事投资活动相关业务的公开性

吉尔吉斯共和国国家职能部门应在媒体上公布所有与投资活动有关的法律法规。

第 25 条　本法的生效

1. 本法自颁布之日起生效。

2.《吉尔吉斯共和国外国投资法》(《吉尔吉斯共和国议会公报》1997 年第 10 期,第 475 页)即日起失效。

3. 吉尔吉斯共和国政府在 3 个月内应:

——拟订关于使规范性法律文件与本法保持一致的建议并向吉尔吉斯共和国议会提交;

——根据本法实施相应的决议。

吉尔吉斯共和国总统

阿斯卡尔·阿卡耶维奇·阿卡耶夫(A. S. Atambayev)

Chapter 5 第五章

竞争法

第一节 法律概况

一、《吉尔吉斯共和国竞争法》的历史沿革

苏联解体后,吉尔吉斯斯坦的社会生活发生了根本性的变化,经济逐步由计划经济向市场经济过渡,国家的法律政策也随之变化。为了进一步发展市场经济体制,竞争管理机构必须制定和执行一项有针对性的国家竞争政策,以防止、限制和打击垄断活动和不公平竞争。因此,显然需要改进管制框架,以限制和禁止垄断活动并保护竞争。1994 年吉尔吉斯斯坦颁布了《限制垄断活动与促进和保护竞争法》,其中规定了禁止垄断活动、促进和保护竞争的一般原则。该法大多数规则是宣言性的,且没有明确区分经营主体的作用和责任;有些规则过于严格。该法起草时,没有充分考虑吉尔吉斯斯坦经营环境以及贸易和金融市场条件发生变化的情况,而主要借鉴了外国的经验。《限制垄断活动与促进和保护竞争法》(1994)在颁布生效的 17 年间,历经 3 次补充和修订,尽管仍存在一些问题,但为吉尔吉斯共和国竞争法律制度的发展奠定了基础。

1996年5月8日通过的《吉尔吉斯共和国民法典》(以下简称《民法典》)标志着竞争法律制度发展的第二个时期的开始。这也是竞争法进一步发展过程中最具有里程碑意义的事件。《民法典》规定的一些基本原则,如承认平等、意思自治和所有权人对财产的自主权、财产不可侵犯、合同自由、任何人不得任意干涉私人事务与公民权利、司法救济等成为反垄断管制和竞争保护的法律基础。为了进一步保护公平竞争,1999年10月通过了《吉尔吉斯共和国自然垄断法》(以下简称《自然垄断法》),旨在实现消费者和自然垄断主体利益的平衡,确保他们为消费者提供商品。由于反垄断政策多年来一直存在不同部门利益和权力的冲突,因此,吉尔吉斯斯坦对该法进行了多次实质性修改和补充。

这一时期,吉尔吉斯斯坦致力于国家体制的调整,并建立反垄断机构间的协调机制,其反垄断政策仅限于政府对定价的管制。且反垄断政策和国家经济政策之间没有明显的界线,反垄断政策只是被视为国家经济政策框架内调整市场关系的工具。

吉尔吉斯共和国反垄断法发展的第三个时期始于2011年7月22日《吉尔吉斯共和国竞争法》(以下简称《竞争法》)的通过,其旨在保护和发展竞争的组织和法律基础,防止、限制和制止垄断活动和不正当竞争,并为吉尔吉斯共和国市场的建立和有效运行提供保障。吉尔吉斯共和国《宪法》(2021)、《行政责任法典》(2018)、《刑法典》(2017)、《竞争法》(2011)、《自然垄断法》(2011)、《消费者权益保护法》(1997)、《广告法》(1998)、《电气通信和邮政通信法》(1998)等相关法律法规最终建立起促进和保护商品和服务市场竞争的法律框架。

吉尔吉斯共和国反垄断机构,以国家反垄断局为代表,是吉尔吉斯共和国政府下属的国家执行机构,负责落实国家的反垄断政策。

二、《竞争法》的主要内容

《竞争法》自颁布以来历经了2013年、2015年、2016年、2017年、2019年多次修订,最近的一次修订在2019年,使其与欧亚经济联盟的竞争示范法保持一致。现行《竞争法》共21条,实行反垄断和反不正当竞争合并的立法模式。内容包括：法律基础、适用范围、国家竞争政策、基本概念、支配地位、垄断低价与垄断高价的特征、协同行为、集团体、滥用支配地位、限制竞争协议、不正当竞争、国家及地方优惠政策、商品采购的反垄断要求、国家安全审查制度、损害赔偿、法律责任、生效条款等。

该法首先对支配地位进行了认定，且不同行业认定标准不同。具体标准为：经营主体占某种商品的市场份额超过35%，且在审理违反反垄断法案及对经济集中实行的国家监督的过程中，未对该经营主体做出不具有市场支配地位的认定的；经营主体占某种商品的市场份额低于35%，但反垄断机构可根据该经营主体所占市场份额与其他经营主体在该商品市场份额上固定或微弱的变化、新竞争者进入该市场的可能性，以及其他反映市场集中度的指标认定该经营主体占有支配地位。若3个以上经营主体的总份额超过50%，且其中任一家所占份额都超过上述3家以外的经营主体的份额，或者5个以内经营主体的总份额大于或等于70%，而其中任一家所占份额都超过上述5家以外其他经营主体的份额（如上述经营主体中任一家所占份额小于10%，则本规定不适用）；在较长时间内（至少一年，如果不足一年，则在相关商品市场存在期间），各经营主体的相对份额不变或只有微小的变化；新的竞争者难以进入相关商品市场；经营主体销售或采购的商品在使用中不能被其他商品替代（包括生产性消费品）；商品价格的变化并不会导致对该商品的需求相应降低；获得有关市场上该产品的价格、销售或购买条件等信息的人数有限，则几个经营主体（金融组织除外）中任一经营主体都可能被认定为具有支配地位。金融机构支配地位的认定：金融机构在特定金融市场的份额达到或超过35%；在相关金融服务市场中拥有最大份额的两家金融机构的总份额达到或超过50%，如果可以证明其作为一个集团体和（或）关联人的活动，和（或）有限制竞争的迹象；在相关金融服务市场中拥有最大份额的3家金融机构的总份额达到或超过70%，如果可以证明其作为一个集团体和（或）关联人的活动，和（或）有限制竞争的迹象，可被认定为具有支配地位。商品市场上处于自然垄断地位的自然垄断企业，是具有支配地位的经营主体。

根据《竞争法》，滥用支配地位的行为包括：对其他经营主体的市场准入设置障碍;商品退出流通,其目的或结果是造成和(或)维持市场赤字或价格上涨;向客户强加对其不利或与合同标的无关的合同条款(不合理地要求对方转让资金、其他财产、产权、劳动力等);在合同中加入歧视性或特权性的条件,使交易方与其他经营主体相比处于不平等地位;在有生产和供货条件时,不合理地拒绝或回避与部分采购人(订货人)签署合同;仅在引入与交易方或消费者不感兴趣的商品有关的条款的情况下,同意签署合同;制定、维持商品的垄断高价或垄断低价;在对商品仍有市场需求,或商品订货价格仍可使该商品生产获利的条件下,以及如果吉尔吉斯共和国的法律法规没有明确规定的情况下,在经济上或技术上不合理地减少或停止生产该商品;无故拒绝履行合同条款,不可抗力除外;在有生产和供货条件时,以及在吉尔吉斯共和国的法律法规没有明确规定的情况下,在经济或技术上不合理地拒绝或规避与部分买方(客户)签署合同;制定歧视性经营条件;没有经济、技术和其他正当理由,不合理地对同一商品制定不同的价格(税率),除非吉尔吉斯共和国法律另有规定;金融机构制定不合理的过高或过低的金融服务价格。

《竞争法》明确规定,禁止经营主体签订限制竞争的协议、决议及实施协同行为。判断协议是否属于限制竞争的协议,取决于该协议是否已经或可能导致限制竞争的后果。而相互竞争的经营主体以任何形式全部或部分实施的协同行为,若已经或可能导致限制竞争的后果,也将会被禁止并被认定无效。

《竞争法》列举了17种明令禁止的不正当竞争。根据《竞争法》,国家机关和地方自治机构应禁止制定法令和以作为或不作为的方式,限制经营主体独立性、为个别经营主体的活动创造歧视性或有利的条件,如果这些法令和(或)行为导致或可能导致阻碍、限制或排除竞争和(或)侵犯经营主体和(或)自然人的利益。若经营主体重组(兼并、收购、改造)导致其出现占据支配地位的情况,反垄断机构将实行国家监督。

第二节 法律文本

吉尔吉斯共和国法律

2011年7月22日第116号

吉尔吉斯共和国竞争法

（根据吉尔吉斯共和国2013年4月5日第47号、2015年1月21日第22号、2015年8月13日第225号、2016年7月15日第118号、2017年7月28日第153号、2019年7月8日第83号、2019年7月22日第96号法律修订）

本法规定了保护和发展竞争的组织和法律基础，旨在防止、限制和制止垄断活动和不正当竞争，并为吉尔吉斯共和国市场的建立和有效运行提供保障。

第1条 吉尔吉斯共和国反垄断立法

吉尔吉斯共和国反垄断立法（以下简称反垄断法）以《吉尔吉斯共和国宪法》和依据法定程序生效的吉尔吉斯共和国国际条约为基础，由本法和吉尔吉斯共和国的其他规范性法律文件组成。

第2条 适用范围

本法在吉尔吉斯共和国全境有效，适用于任何自然人和法人、国家机关和地方自治机构参与的与保护和发展竞争有关的关系。

反垄断法平等地适用于所有经营主体，无论其组织形式、法律形式以及注册地。

（根据吉尔吉斯共和国2015年8月13日第225号法律修订）

第2-1条 国家竞争政策

吉尔吉斯共和国政府制定竞争领域国家政策的主要方向。

调整与金融服务市场(银行服务除外)垄断活动、保护和发展竞争相关的程序由吉尔吉斯共和国政府确定。

吉尔吉斯共和国国家银行根据调整商业银行和其他金融信贷机构行为的法律规则对银行服务市场进行反垄断监管。

吉尔吉斯共和国政府确保其在竞争领域的国家政策信息公开,包括在媒体和互联网上发布有关国家职能部门活动的信息。

(根据吉尔吉斯共和国 2015 年 1 月 21 日第 22 号、2015 年 8 月 13 日第 225 号法律修订)

第 3 条　本法中使用的基本概念

本法中使用了以下概念:

(根据吉尔吉斯共和国 2015 年 8 月 13 日第 225 号法律,第 2 款无效)

关联自然人或关联法人:

——任何自然人或法人(在赋予其权力的框架内对其活动进行控制的国家机构除外),以及与该关联人有关的任何自然人或法人,有权直接或间接地通过协议(包括口头协议)或其他交易决定或影响关联公司的决定;

——关联法人也被认定为其执行官,股东(参与者)或拥有其 10% 或以上投票权股份(出资、参与权益)的实体(对于开放式股份公司——5% 或以上);

可替代商品——在功能、用途、质量和技术特性、价格和其他参数上具有可比性的一组商品,以致买方在消费(生产)过程中实际替换或准备替换;

(根据吉尔吉斯共和国 2019 年 7 月 22 日第 96 号法律,该款失效)

歧视性或排他性条件——市场准入条件和生产、交换、消费、收购、销售及其他商品转让的条件,其中一个或数个经营主体与另一个(其他)经营主体相比处于不平等地位;

竞争——经营主体在市场中的自由竞争,竞争中每个经营主体自主经营行为限制了其各自单方面影响相应市场中商品流通的一般条件并刺激消费者所需商品的生产能力;

交易对手——协议的一方,反对交易另一方的合作伙伴;

垄断——由属于一个人、一个群体或国家的生产、获取、贸易、交换的专属权（机会）决定的市场状态；

垄断行为——一个经营主体、具有支配地位的群体、违反反垄断法的协议或一致行动、经济实体的作为（不作为）、国家机关和地方自治机构旨在防止、限制或消除竞争的行动；

垄断高价——由占支配地位的经营主体制定的商品价格，如果该价格超过生产和销售该商品所需的成本和利润，以及在商品市场竞争条件下形成的价格，在商品买卖双方的构成、商品流通条件、进入商品市场条件、国家监管，包括税收、海关和关税、关税和非关税监管等方面具有可比性的市场（下称可比商品市场）竞争条件下形成的价格；由自然垄断主体确定的商品价格，根据吉尔吉斯共和国的法律规定不能被认定为垄断高价；

垄断低价——由占支配地位的经营主体制定的商品价格，如果该价格低于生产和销售该商品所需的成本和利润，并且低于吉尔吉斯共和国境内或境外可比商品市场上竞争条件下形成的价格；

不正当竞争——经营主体旨在获得经营活动优势的任何行为，违反吉尔吉斯共和国法律规定、商业惯例、诚信、合理、公平的要求，并可能或已经给其他存在竞争关系的经营主体造成损失或损害其商业信誉的；

限制竞争的特征——属于非关联的经营主体在市场上的数量减少，市场上不受市场商品交易条件影响的商品价格上涨或下跌；限制非关联企业在商品市场自主经营；通过经营主体之间的协议或根据对其具有约束力的他人的指示，或通过非关联经营主体间在商品市场的协同行为，操纵商品市场的商品交易条件；以及为一个或数个经营主体提供条件，使其能够单方面影响商品市场的一般交易条件的其他情况；

区域（本地）商品市场——在地区或部分区域的商品（工程、服务）流通领域，根据买方在相关地区或部分区域购买商品的经济能力确定，且其在该地区以外不具备这种经济购买力；

共和国商品市场——吉尔吉斯共和国境内商品（工程、服务）流通领域；

市场（商品市场）——不可替代商品或相互可替代商品的流通领域，在其范围内（包括地理上），基于经济、技术或其他可能性或合理性因素，买方可以购买

该商品,而在其范围外则没有这种可能性或合理性因素;

市场力量——经营主体和/或群体在市场上的作为(不作为),导致竞争限制和/或市场发生重大变化;

协议——指一个或数个以书面文件或口头形式达成的协议;

系统性垄断行为——根据吉尔吉斯共和国法定程序确定,一个经营主体在一年内实施两次以上的垄断行为;

商品——用于出售、交换或以其他形式流通的民事权利客体[包括工程、服务(含金融服务)];

职能部门——执行国家关于发展竞争、限制、制止垄断活动和不正当竞争政策的国家反垄断机构;

经营主体——商业组织、从事营利性活动的非商业组织、个体企业,根据吉尔吉斯共和国的法律规定,其专业的营利活动需要经过国家注册和(或)许可;

经济集中——指能对市场竞争产生影响的交易和经营主体的其他行为;

经济和统计观察——对活动数据进行统计观察和经济分析,评估占据支配地位的经营主体的经营状况和前景,并列入在吉尔吉斯共和国商品市场上占据支配地位的国家目录;

银行服务——由吉尔吉斯共和国国家银行授权和管理的商业银行和其他金融信贷机构提供的服务;

纵向协议——经营主体之间的协议,其中一方购买商品或是其潜在的采购方,另一方供应商品或是其潜在的销售方;

在吉尔吉斯共和国商品市场上占据支配地位的经营主体的国家目录——在相关商品市场上占据支配地位的经营主体的名单,但处于自然垄断状态的市场除外;

国家或地方政府优惠——吉尔吉斯共和国政府或地方自治政府代表机构通过转让国有或地方所有的资产、其他民事权利客体,或通过提供资产性质的优惠、国家或地方担保,向部分经营主体提供优先权,为其提供更有利的经营条件;

集团体——自然人和(或)法人的总和;

金融服务的竞争价格——在竞争环境中形成的金融服务价格；

经济协调活动——由不与任何经营主体同属一个群体，并且不在商品市场开展活动的第三方协调经营主体的经营活动。经营主体在纵向协议框架内进行的活动不是经济协调活动；

金融服务的不合理高价与不合理低价——由具有支配地位的金融机构制定的显著偏离金融服务市场的价格，和（或）阻碍其他金融机构进入市场，和（或）对金融市场竞争产生了消极影响的价格；

金融服务——银行服务、保险服务、证券市场服务、租赁协议下的服务，以及金融组织向法人和自然人提供的资金存入和（或）贷出服务；

金融机构——提供金融服务的法人。

（根据吉尔吉斯共和国2015年1月21日第22号、2015年8月13日第225号、2019年7月22日第96号法律修订）

第4条　支配地位

1. 支配（垄断）地位被认为是一个或数个经营主体（集团体）在某种商品市场中的地位，使该经营主体（集团体）能够对相应商品市场的一般交易条件产生决定性影响，和（或）有能力将其他经营主体排挤出商品市场，和（或）有能力阻碍其他经营主体进入该商品市场。

2. 下述经营主体的地位可以认定为支配地位（金融组织除外）：

其在某种商品市场中的份额达到或超过35%，除非反垄断机构对违反本法的案件进行审查或对经济集中实行的国家监管过程中做出该经营主体尽管超出了规定的商品市场份额，但并不具有市场支配地位的认定；

其在某种商品市场中的份额低于35%的，但反垄断机构可根据该经营主体所占商品市场份额相对于其竞争对手在该商品份额上固定或微弱的变化以及其总体是否满足以下条件，来确定该经营主体的支配地位：

a）经营主体有能力单方面决定商品的价格水平，并对相应商品市场的一般交易条件产生决定性影响；

b）新的竞争者难以进入相关商品市场，包括由于存在经济、技术、行政或其他限制；

c)经营主体出售或购买的消费品(包括生产性消费)不能用其他商品替代;

d)商品价格的变化并不会导致对该商品的需求相应减少。

3. 几个经营主体(金融组织除外)中任一经营主体总体满足以下条件可以认定其具有支配地位:

1)三个以上经营主体的总份额超过50%,且其中任一家所占份额都超过上述3家以外的经营主体的份额,或者五个以内经营主体的总份额大于或等于70%,而其中任一家所占份额都超过上述5家以外其他经营主体的份额(如上述经营主体中任一家所占份额小于10%,则本规定不适用);

2)在较长时间内(至少一年,如果不足一年,则在相关商品市场存在期间),各经营主体的相对份额不变或只有微小的变化;

3)新的竞争者难以进入相关商品市场,包括由于存在经济、技术、行政或其他限制;

4)经营主体销售或采购的商品在使用中不能被其他商品替代(包括生产性消费品);

5)商品价格的变化并不会导致对该商品的需求相应降低;

6)获得有关市场上该产品的价格、销售或购买条件等信息的人数有限。

4. 商品市场上处于自然垄断地位的自然垄断企业,是具有支配地位的经营主体。

5. 在下列情况下,金融机构(获得吉尔吉斯共和国国家银行许可的金融机构除外)的地位可认定为市场支配地位:

1)金融机构在特定金融市场的份额达到或超过35%;

2)在相关金融服务市场中拥有最大份额的两家金融机构的总份额达到或超过50%,如果可以证明其作为一个集团体和(或)关联人的活动,和(或)有限制竞争的迹象;

3)在相关金融服务市场中拥有最大份额的3家金融机构的总份额达到或超过70%,如果可以证明其作为一个集团体和(或)关联人的活动,和(或)有限制竞争的迹象。

6. 在确定经营主体的支配地位时,要按照吉尔吉斯共和国政府规定的程序评估竞争环境的状况。

根据竞争环境状况的评估结果,按照吉尔吉斯共和国政府规定的程序,建立并维护在吉尔吉斯共和国商品市场上占据支配地位的经营主体国家目录。

在吉尔吉斯共和国商品市场上占据支配地位的经营主体国家目录中的经营主体,按照吉尔吉斯共和国政府规定的程序,处于持续的经济和统计观察与监督的范围内。

吉尔吉斯共和国商品市场竞争状况的年度报告提交吉尔吉斯共和国政府办公室,并在反垄断机构官方网站上发布。

(根据吉尔吉斯共和国 2019 年 7 月 22 日第 96 号法律修订)

第 4 –1 条 商品垄断高价的特征

1. 商品垄断高价是由占支配地位的经营主体制定的价格,包括:

1)通过提高先前制定的商品价格,且同时满足下列条件:

a)生产和销售商品所需的成本保持不变,或其变化与商品价格的变化程度不相符;

b)供求关系保持不变,或者没有明显的变化;

c)商品市场的商品流通条件,包括国家调控措施,如税收、海关和关税、关税和非关税调控措施保持不变,或其变化与商品价格变化程度不相符。

2)维持或不降低先前制定的商品价格,且同时满足下列条件:

a)生产和销售商品所需的成本大幅下降;

b)商品买方或卖方的变化可能使商品价格下调;

c)商品市场的商品流通条件,包括国家调控措施,如税收、海关和关税、关税和非关税调控措施,可能使商品价格下调。

2. 如果商品的价格不超过在可比商品市场竞争条件下形成的价格,则不被认定为垄断性高价。

(根据吉尔吉斯共和国 2015 年 1 月 21 日第 22 号法律修订)

第 4 –2 条 商品垄断低价的特征

1. 商品垄断低价是由占支配地位的经营主体制定的价格,包括:

1)降低先前制定的商品价格,且同时满足下列条件:

a)生产和销售商品所需的成本保持不变,或其变化与商品价格的变化程度不相符;

b)供求关系保持不变,或者没有明显的变化;

c)商品市场的商品流通条件,包括国家调控措施,如税收、海关和关税、关税和非关税调控措施保持不变或其变化与商品价格的变化程度不相符。

2)维持或不提高先前制定的商品价格,且同时满足下列条件:

a)生产和销售商品所需的成本大幅增加;

b)商品卖方或买方的变化可能使商品价格上涨;

c)商品市场上的商品流通条件,包括国家调控措施,如税收、海关和关税、关税和非关税调控措施,可能使商品价格上涨。

2. 在下列情况下,不被认定为商品垄断低价:

1)不低于可比商品市场竞争条件下形成的价格;

2)由于在相应商品市场上,非集团体买卖双方的经营主体数量减少,商品卖方制定的价格没有或不可能导致限制竞争。

(根据吉尔吉斯共和国 2015 年 1 月 21 日第 22 号法律修订)

第 4 –3 条　垄断地位与垄断低价

1. 垄断地位是指一个经营主体或集团体或几个经营主体或集团体在特定商品市场上进行采购的支配地位。

2. 根据本法第 4 条认定垄断地位。

3. 垄断低价是指处于垄断地位的经营主体在下列情况下制定的商品价格:

1)该价格允许处于垄断地位的经营主体通过降低生产和(或)销售商品的成本获得额外收入;

2)该价格低于从事生产和销售此类商品的经营主体生产和销售的成本和利润。

(根据吉尔吉斯共和国 2015 年 1 月 21 日第 22 号法律修订)

第 4 –4 条　经营主体采取协同行为的条件

1. 经营主体的协同行为是指商品市场中经营主体的行为,这些行为同时满足下列条件:

1)这种行为的结果符合每个经营主体的利益;

2)通过实施协同行为的公开声明,参与其中的每个经营主体都事先了解这些行为;

3)市场中每个特定的经营主体的行为是由参与协同行为的其他经营主体的行为引起的,但又未在同等情况下使相关商品市场上所有经营主体作出上述改变。这种情况尤其可能是受调控关税的变化,用于生产商品的原材料价格的变化,国际商品市场上商品价格的变化,在1年以上或在相应商品市场存续不到1年的时间里,对某种商品的需求发生巨大变化。

2. 本条第1款规定的经营主体的行为,无论是否存在书面协议,均视为协同行为。

(根据吉尔吉斯共和国2015年1月21日第22号法律修订)

第5条　集团体

1. 集团体是:

1)经营主体与自然人或法人,若自然人或法人有权参与该经营主体,或依据从他人处获得的授权拥有该经营主体注册资本中超过50%的有表决权的股份(股权);

2)两个及以上经营主体,若同一自然人或同一法人有权参与这些经营主体,或依据从他人处获得的授权在每个经营主体的注册资本中拥有50%以上有表决权的股份(股权);

3)经营主体与自然人或法人,若该自然人或法人履行该经营主体的管理机构职能;

4)两个及以上经营主体,若同一自然人或同一法人履行该经营主体的管理机构职能;

5)经营主体与自然人或法人,若该自然人或法人根据该经营主体的组织章程或以该经营主体签订的合同,有权向该经营主体发出具有约束力的指令;

6)两个及以上经营主体,若同一自然人或同一法人根据该经营主体的组织章程或与该经营主体签订的合同,有权对该经营主体发出具有约束力的指令;

7)经营主体与自然人或法人,若在该自然人或该法人的建议下,任命或选举该经营主体的管理机构；

8）两个及以上经营主体，若根据同一自然人或同一法人的建议，任命或选举该经营主体的管理机构；

9）经营主体与自然人或法人，若在该自然人或法人的建议下，选举出超过50%的该经营主体的管理机构或董事会（监事会）的成员；

10）两个及以上经营主体，若根据同一自然人或同一法人的建议，选举产生50%以上的该经营主体的管理机构或董事会（监事会）的成员；

11）两个及以上经营主体，若管理机构和（或）董事会（监事会）50%的成员是同一自然人的；

12）属于同一金融工业集团的自然人或法人；

13）自然人及其配偶、父母（含养父母）、子女（含养子女）、同血缘或非完全同一血缘的兄弟姐妹；

14）自然人或法人，如果其中每一自然人或法人按照本款第13项任一规定与同一个自然人或法人组成同一集团体，其他自然人或法人按本款第13项任一规定与每一个自然人或法人组成同一集团体。

2. 本法规定的关于经营主体的作为（不作为）的禁令，同样适用于集团体的作为（不作为）。

第6条 滥用支配地位

处于支配地位的经营主体（集团体）的作为（不作为），如果已经或可能导致限制竞争和（或）侵犯其他经营主体或自然人的利益，则应予以禁止，包括下列行为：

1）对其他经营主体的市场准入设置障碍；

2）商品退出流通，其目的或结果是造成和（或）维持市场赤字或价格上涨；

3）向客户强加对其不利或与合同标的无关的合同条款（不合理地要求对方转让资金、其他财产、产权、劳动力等）；

4）在合同中加入歧视性或特权性的条件，使交易方与其他经营主体相比处于不平等地位；

5）在有生产和供货条件时，不合理地拒绝或回避与部分采购人（订货人）签署合同；

6）仅在引入与交易方或消费者不感兴趣的商品有关的条款的情况下，同意签署合同；

7）制定、维持商品的垄断高价或垄断低价；

8）在对商品仍有市场需求，或商品订货价格仍可使该商品生产获利的条件下，以及如果吉尔吉斯共和国法律法规没有明确规定的情况下，在经济上或技术上不合理地减少或停止生产该商品；

9）无故拒绝履行合同条款，不可抗力除外；

10）在有生产和供货条件时，以及在吉尔吉斯共和国的法律法规没有明确规定的情况下，在经济或技术上不合理地拒绝或规避与部分买方（客户）签署合同；

11）（根据吉尔吉斯共和国2015年8月13日第225号法律失效）

12）制定歧视性经营条件；

13）没有经济、技术和其他正当理由，不合理地对同一商品制定不同的价格（税率），除非吉尔吉斯共和国法律另有规定；

14）金融机构制定不合理的过高或过低的金融服务价格。

（根据吉尔吉斯共和国2015年1月21日第22号、2015年8月13日第225号法律修正）

第7条 经营主体的限制竞争协议

1.禁止竞争性经营主体以任何形式达成全部或部分协议，若该协议已经或可能导致限制竞争，包括旨在：

1）制定（维持）价格（税率）、折扣、附加费（补加费）、加价；

2）抬高、降低或维持交易价格；

3）按地域原则、销售或采购规模、商品的销售范围、提供的服务类型以及采购或销售方划分商品市场；

4）阻碍其他经营主体进入或退出商品市场；

5）就生产量达成一致，以人为地更改供应量；

6）不合理地拒绝与某些卖方或买方（客户）签订合同；

7)制定价格歧视；

8)(根据吉尔吉斯共和国2015年8月13日第225号法律失效)

9)非客观原因不合理地减少或者终止商品的供应；

10)制定合同的标准条款和条件，使消费者处于不利地位或限制商品和生产这些商品的经济实体的选择自由，或提供与合同标的无关的条款；

11)(根据吉尔吉斯共和国2015年8月13日第225号法律失效)

本款第2项的规定尤其适用于属于同一集团体的经营主体之间的合同。

2. 禁止以任何形式达成全部或部分纵向协议，若该协议已经或可能导致限制竞争，包括下列协议：

1)施加不利于交易对手的条件；

2)禁止从其竞争对手处购买商品；

3)买方的地域或区域限制；

4)设置转售商品的价格限定；

5)禁止销售竞争对手生产的商品。

2-1. 禁止协调经营主体的经济活动，若其可能导致或引发本条第1款和第2款涉及的后果。

3. 经营主体有权按照本条第1款第4、6、7、10项和第2款的规定提供证据，证实其缔结的协议可以根据本法第7-2条第1款和第2款的规定，被认定为有效的协议。

4. 本条规定不适用于属于同一集团体的经营主体之间的协议，若其中一个经营主体已经控制了另一经营主体，或者这些经营主体处于同一个人的控制之下，但经营主体间的协议除外，根据吉尔吉斯共和国的法律，不允许由一个经营主体同时执行该协议。

5. 本条和本法第7-1条中的控制是指自然人或法人直接或间接(通过一个或多个法人)替代另一个法人作出一项或多项行动决定的能力：

1)处置法人法定资本中有表决权的股份(股权)占总票数50%以上的；

2)履行法人执行机构的职能。

6. 本条规定不适用于知识产权成果或与之相当的民事流转、商品、工程和服务的个别化手段的使用和(或)转让协议。

(根据吉尔吉斯共和国 2015 年 1 月 21 日第 22 号、2015 年 8 月 13 日第 225 号法律修订)

第 7-1 条 经营主体限制竞争的协同行为

1. 以任何形式全部或部分实施的限制竞争的经营主体的协同行为，若已经或可能导致限制竞争，将会被禁止并被认定为无效，包括旨在以下目的的协同行为：

1）制定(维持)价格(税率)、折扣、附加费(补加费)、加价；

2）抬高、降低或维持市场交易价格；

3）按地域原则、销售或采购量、商品的销售范围、提供的服务类型以及采购或销售方划分商品市场；

4）阻碍其他经营主体进入或退出商品市场；

5）就生产量达成一致，人为地更改供应量；

6）不合理地拒绝与某些卖方或买方(客户)签订合同；

7）制定价格歧视；

8）非客观原因不合理地减少或终止商品的供应；

9）制定合同的标准条款和条件，使消费者处于不利地位或限制商品和生产这些商品的经济实体的选择自由，或提供与合同标的无关的条款。

2. 经营主体有权提供证据证明其实施的本条第 1 款第 4、6、7、9 项所规定的协同行为，可以根据本法第 7-2 条第 2 款的规定被认定为合规的协同行为。

3. 本条规定的禁止事项，不适用于商品市场份额合计不超过 20%，且其每个经营主体的商品市场份额不超过 8% 的经营主体的协同行为。

4. 本条的规定不适用于属于同一集团体的经营主体的协同行为，若其中一个经营主体已经控制了另一经营主体，或者这些经营主体处于同一个人的控制之下。

(根据吉尔吉斯共和国 2015 年 8 月 13 日第 225 号法律修订)

第 7-2 条 协议、协同行为的合规性

1. 允许书面形式的纵向协议(金融机构之间的纵向协议除外)：

1）若这些协议是商业特许权协议；

2)若纵向协议各方在任一商品市场的份额不超过20%。

2.本法第7条第1款第4、6、7、10项和第2款以及第7-1条第1款第4、6、7、9项规定的经营主体的协议或协同行为,都可以被认定为被允许的,若该协议或协同行为不为个人在相关商品市场上消除竞争创造机会,不对其参与者或第三方施加限制,且该协议或协同行为的结果是或可能是以下情况:

1)改进商品的生产、销售或促进技术、经济进步或提高商品在世界市场上的竞争力;

2)由于经营主体的作为(不作为)、协议和协同行为、交易,买方获得与经营主体相当的优势(利益);

3.经营主体有意达成根据本法可被认定为合规协议的,有权向反垄断当局提出核实协议草案(书面)是否符合反垄断法规定的申请。审议申请的程序由吉尔吉斯共和国政府确定。

(根据吉尔吉斯共和国2015年8月13日第225号、2019年7月22日第96号法律修订)

第8条 不正当竞争

1.禁止不正当竞争,包括:

1)未经授权擅自复制其他经营主体的商品以及其包装形式和外观设计,但复制商品或其部分仅出于技术用途的情况除外;

2)侵犯他人专利权,直接对其产品再创造;

3)非法使用他人的商标、服务标志、商品原产地名称、公司名称,导致与其他经营主体的活动产生混淆的;

4)传播有关其他经营主体的经营权限和财务状况的虚假、歪曲信息,对经营主体造成损失或损害其商业名誉的;

5)制造、销售和以其他方式在市场上介绍另一个经济实体的产品,侵犯其知识产权成果或与之相当的民事流转、商品、工程和服务的个别化手段(非法使用);

6)披露有关竞争对手的科学、技术和生产能力的歪曲数据;

7)以非法手段故意侵犯、破坏和终止竞争对手的业务关系;

8)以非法手段对竞争对手的员工施加影响,诱使其失职;

9)非法获取、使用、泄露有关其他经营主体的科技、生产、交易活动信息,包括商业秘密;

10)(根据吉尔吉斯共和国2015年8月13日第225号法律失效)

11)以非法手段影响竞争对手经济决策的通过和执行,以获得对其的不正当优势;

12)为终止竞争对手的业务关系或阻碍这种关系的建立,向其他经营主体提出不合理的呼吁(请求);

13)传播任何可能误导消费者的信息包括经营主体商品的产地、使用方法、消费特性、商品质量和其他属性、生产厂家及经营活动的特征;

14)提供带有不适当的识别标志的商品,以在购买商品和其他重要属性方面误导消费者;

15)隐瞒商品不符合相关用途或要求;

16)在相关市场上以限制竞争为目的,故意以低于竞争条件下的价格或低于成本价销售某类商品;

17)经营主体将其生产或出售的商品与其他经营主体生产或出售的商品进行不适当的比较。

2. 禁止与获取和使用民事流转、商品、工程和服务的专有权相关的不正当竞争。

3.(根据吉尔吉斯共和国2015年1月21日第22号法律废止)

(根据吉尔吉斯共和国2013年4月5日第47号、2015年1月21日第22号、2015年8月13日第225号法律修订)

第9条 国家机构和地方自治机构旨在防止、限制或消除竞争的法规和作为(不作为)

1. 国家和地方政府机构应禁止采取限制经营主体独立性的法令和(或)行为,为某些经营主体的活动创造歧视性或有利的条件,如果这些法令和(或)行为导致或可能导致阻碍、限制或排除竞争和(或)侵犯经营主体和(或)自然人的利益,包括:

1)禁止或限制在任何活动领域中创建新的经营主体,并禁止实施某些类型的活动,包括买卖和(或)采购或生产特定商品,但吉尔吉斯共和国法律规定的情况除外;

2)不合理地阻挠经营主体在任何领域的活动;

3)赋予经营主体限制竞争的权力;

4)不合理地禁止或限制吉尔吉斯共和国各地区之间的商品流动;

5)建立经营主体,并规定其取得市场支配地位,但吉尔吉斯共和国法律规定的情况除外;

6)不合理地向个别经营主体提供特权,包括优先获得信息,使其相对于同一市场的其他实体处于优势地位;

7)对经营主体的对外经济活动设置不合理的限制;

8)对经营主体就优先签订合同、优先向某一消费者群体供应商品作出指示,但吉尔吉斯共和国法律规定的情况除外;

9)防止货物分销、采购和销售的平行结构的形成;

10)对新产品和新技术的开发设置不合理的障碍,若这与吉尔吉斯共和国的立法相矛盾;

11)为个体经营主体的活动设置限制竞争的其他特权或歧视性条件;

12)在提供国家或地方服务以及提供必需和强制性的国家或地方服务时,设立和(或)收取立法未作规定的款项;

13)违反本法第 9 - 1 条的规定,提供国家或地方优惠。

2. 禁止国家机关、地方自治机构、其他履行上述职能的机构或组织之间,或它们与经营主体之间签订协议,若此类协议导致或可能导致防止、限制或消除竞争。

3. 禁止赋予国家机关和地方自治机构防止、限制或消除竞争的权力,也禁止国家机关和地方自治机构建立结构性部门和经营主体,为垄断服务提供生产和(或)商品销售。

4. 禁止将国家机关和地方自治机构的职能与经营主体的职能相结合,也禁止赋予经营主体以国家机关和地方自治机构的职能和权利,但吉尔吉斯共和国法律规定的情况除外。

5.(根据吉尔吉斯共和国2015年1月21日第22号法律废除)

(根据吉尔吉斯共和国2015年1月21日第22号、2015年8月13日第225号、2019年7月22日第96号法律修订)

第9-1条 国家或地方特惠

1.可以根据吉尔吉斯共和国政府和地方自治政府的法律法规提供国家或地方特惠,该种特惠仅用于以下目的:

1)发展教育和科学;

2)进行科学研究;

3)保护环境;

4)吉尔吉斯共和国文化遗产(历史文化古迹)的保存、使用、普及和国家保护;

5)文化、艺术的发展和文化价值的保护;

6)发展体育事业;

7)保障国防和国家安全;

8)农产品生产;

9)人口社会保障;

10)劳动保护;

11)保护公民的健康;

12)支持中小型企业;

13)根据有关非营利组织的立法,支持面向社会的非营利组织。

2.非国家或地方特惠:

1)根据吉尔吉斯共和国的法律规定,并按照《吉尔吉斯共和国国家采购法》规定程序进行的招投标结果提供的财产和(或)其他设施的民事权利;

2)为消除紧急情况、军事行动和开展反恐行动的后果而向个人转交、划拨和分配国家或地方财产;

3)将国家或市政财产转让给有经济管理权或经营管理权的经营主体;

4)根据已生效的法院判决提供财产和(或)其他公民权利客体;

5)向商品市场的每个参与者平等地提供财产和(或)其他公民权利客体。

3. 给予国家或地方优惠的程序分别由吉尔吉斯共和国政府或地方自治政府的代表机构决定。

(根据吉尔吉斯共和国 2015 年 1 月 21 日第 22 号法律修订)

第 10 条 采购商品的反垄断要求

1. 在进行采购时,禁止采取导致或可能导致防止、限制或消除竞争的行为,包括:

1)由采购组织者或客户对其参与者的活动进行协调;

2)为一个或多个采购参与者创造参与采购的优惠条件,包括获取信息,吉尔吉斯共和国法律另有规定的除外;

3)违反采购中标者确定程序的;

4)采购组织者或客户以及(或)采购组织者的雇员或客户的雇员参与采购。

2. 除本条第 1 款规定的禁令外,若采购的组织者或客户是国家机构、地方自治机构,以及进行采购以供应货物、执行工程,为国家或地方的需要提供服务时,禁止其在吉尔吉斯共和国法律规定之外再制定对参与采购的限制性规定。

3. 除本条第 1 款和第 2 款规定的禁令外,在为国家或地方需要的货物供应、执行工程、服务提供进行招标时,禁止通过在批次中列入在技术和功能上与作为采购标的的商品、工程、服务、性能无关的产品(商品、工程、服务),限制采购参与者之间的竞争。

4. 违反本条规定的行为是反垄断机构根据吉尔吉斯共和国法定程序认定相关采购和由此达成的交易无效的依据。

第 11 条 国家对经营主体重组、清算的监督

1. 为了防止经营主体滥用支配地位和限制竞争,反垄断机构在下列情况下实行国家监督:

1)若经营主体(其协会)的重组(兼并、收购、改造)会导致出现占据支配地位的经营主体;

2)(根据吉尔吉斯共和国 2019 年 7 月 22 日第 96 条法律作废)

3)若国有和地方企业的兼并、收购和清算会导致出现占据支配地位的经营

主体。

2. 经营主体根据本条第 1 款作出重组、清算的决定,必须获得反垄断机构的同意。

在重组、清算期间,经营主体必须按照吉尔吉斯共和国政府规定的程序向反垄断机构提交同意经营主体重组、清算的申请书和文件清单。

反垄断机构在收到所有必要文件之日起 10 个自然日内,将其决定以书面形式通知申请人。

3. 若反垄断机构同意此申请会导致相关经营主体的支配地位的出现或加强,从而限制竞争,或者在审批过程中经营主体提供不准确的信息,反垄断机构有权拒绝该申请。

4. 根据本条第 1 款的规定,经营主体重组和清算时,只有在获得反垄断机构事先同意的情况下,登记机构才对其进行登记(重新注册)。

根据吉尔吉斯共和国法律,违反本条规定的经营主体及其协会的登记应视为无效。

(根据吉尔吉斯共和国 2015 年 8 月 13 日第 225 号、2019 年 7 月 22 日第 96 号法律修订)

第 12 条 国家对在收购经营主体法定资本的股份(股权)和其他情况下遵守反垄断法的情况进行监督

1. 占据支配地位的经营主体收购在同一商品市场上经营的另一经营主体的法定资本中的股份、股票、股权,以及任何法人或自然人购买占据支配地位的经营主体的控股股份、股份、参与权益,均需事先征得反垄断机构的同意。

在本条中,控股股份、股份、参与权益被理解为在股东、创始人、股东大会上作出决定时直接或间接提供超过 50% 的投票票数。

2. 为完成本条第 1 款规定的交易,授权人员应按照吉尔吉斯共和国政府批准的程序向反垄断机构提交同意其执行的申请和信息。

3. 若反垄断机构同意此申请会导致某经营主体(某个集团体)的支配地位的出现或加强,从而限制竞争,或者提供了重要的虚假信息,则申请可被驳回。

4. 违反本条规定的程序进行的交易,如导致支配地位的出现或加强,从而限制了竞争，根据吉尔吉斯共和国法律规定，该交易无效。

第13条 经营主体的强制分立

1.在占据支配地位的经营主体不断地实施垄断活动的情况下，反垄断机构有权作出强制分立此类组织的决定，或决定将一个或多个组织从其整体中分立出来。因强制分立而产生的组织不能被纳入同一集团体。

2.关于强制分立或经营主体分立的决定是在下列一种或多种情况下作出的：

1）导致市场竞争的发展；

2）组织的结构和部门存在分立的可能性；

3）组织的结构和部门之间不存在技术上确定的关系；

4）由于重组产生的法人可能会在相关市场中进行独立活动。

3.经营主体强制分立或分立的决定，由所有者或被授权人结合该决定规定的要求，并在该决定确定的期限内执行，该期限不得少于三个月。

第14条 反垄断机构雇员获得信息的权利

反垄断机构的雇员在审议违反反垄断法的申请、审查违反反垄断法的案件、对经济集中实施国家控制和分析竞争状况时，根据其职权，在出示其工作证和反垄断机构负责人（其副手）的决议后，有权不受阻碍地进入国家机关、地方自治机构、组织和机构、经营主体及其协会，无论其组织和法律形式以及所有权形式如何，都可以根据吉尔吉斯共和国法定程序获得必要的文件和信息，包括商业和官方信息。

（根据吉尔吉斯共和国2019年7月22日第96号法律修订）

第15条 向反垄断机构提供信息的义务

为了履行赋予反垄断机构的任务和职能，司法机构、海关机构和管理（监督）经营主体活动并登记其关系的其他国家机构、档案机构、地方自治机构和经营主体（不论其所有权形式），应按照反垄断机构的要求，依据吉尔吉斯共和国法定程序提交必要的文件和资料，包括商业和官方文件和资料。

（根据吉尔吉斯共和国2019年7月8日第83号、2019年7月22日第96号法律修订）

第 16 条 损害赔偿

1. 国家机关、地方自治机构，包括反垄断机构，其违反反垄断立法的行为，或这些机构不履行或不适当履行职责，给经营主体或其他人造成损失，这些损失应根据吉尔吉斯共和国的民事立法予以赔偿。

2. 在违反反垄断法的情况下，国家机构和地方自治机构（其公务人员）、经营主体（其管理人员）有义务根据反垄断机构的决定，停止违法行为，恢复原状，终止（缔结）协议或修改协议，取消与吉尔吉斯共和国立法相抵触的行为，将违反反垄断法的所得转入共和国预算并执行决定所规定的其他行为。

3. 经营主体因违反反垄断法的作为（不作为）给其他经营主体或他人造成损失的，应由造成损失的经营主体根据吉尔吉斯共和国的民事立法予以赔偿。

第 17 条 责任措施

对违反反垄断法的人，按照吉尔吉斯共和国的法律追究责任。

垄断行为涉及的人员和组织被追究责任，并不免除其执行反垄断机构决议和指令的义务。

第 18 条 反垄断机构审议违反反垄断法案件的依据

1. 反垄断机构根据自然人和法人的申请、媒体报道和其掌握的其他证明违反本法的材料，主动审议违反反垄断法的案件。

2. 申请以书面形式提交给反垄断机构，并附上有关违反反垄断法事实的文件。

3. 吉尔吉斯共和国政府制定审议违反反垄断法案件和进行调查的程序。

（根据吉尔吉斯共和国 2019 年 7 月 22 日第 96 号法律修订）

第 18－1 条 关于禁止违反反垄断法的警告

1. 为了防止违反反垄断法的行为发生，反垄断机构可向国家机关、地方自治机构、经营主体发出书面警告，告知其禁止采取可能导致违反反垄断法的行为。

2. 发出警告的依据是关于经营主体行为的公开声明和（或）关于国家机构、地方政府机构在商品市场上计划采取的行动的信息，若这种行为可能导致违反反垄断法的行为发生，并且没有理由启动审议违反反垄断法的案件的程序。

3. 发出警告的程序和形式由吉尔吉斯共和国政府批准。

（根据吉尔吉斯共和国 2015 年 1 月 21 日第 22 号、2019 年 7 月 22 日第 96 号法律修订）

第 19 条 执行反垄断机构的命令和其他决定

反垄断机构的决定（命令）须在决定（命令）规定的时间内全面执行。未能及时或者不完全履行决定（命令）的，将承担反垄断法规定的后果。

第 20 条 对反垄断机构的决定提出上诉的权利

国家机关、商业实体及公职人员有权依照行政法和行政诉讼法的规定对反垄断机构的决定（命令）申请行政复议或向法院提起诉讼，在适用行政处罚方面，则根据关于行政责任的法律法规。

（根据吉尔吉斯共和国 2017 年 7 月 28 日第 153 号法律修订）

第 21 条 本法的生效条款

1. 本法自正式公布之日起 3 个月期满后生效。

2. 自本法生效之日起，下列规定宣告无效：

——吉尔吉斯共和国 1994 年 4 月 15 日第 1487 – Ⅻ号法律《关于限制垄断活动、发展和保护竞争》（《吉尔吉斯共和国议会公报》1994 年第 5 期，第 163 页）；

——吉尔吉斯共和国 2003 年 3 月 6 日第 55 号《关于限制垄断活动、发展和保护竞争的法律修正案》（《吉尔吉斯共和国议会公报》2003 年第 5 期，第 221 页）；

——吉尔吉斯共和国 2003 年 8 月 1 日第 164 号《关于限制垄断活动、发展和保护竞争的法律修正案》（《吉尔吉斯共和国议会公报》2003 年第 11 期，第 505 页）；

——吉尔吉斯共和国 2009 年 4 月 27 日第 134 号《关于限制垄断活动、发展和保护竞争的法律修正案》（《吉尔吉斯共和国议会公报》2009 年第 4 期，第 356 页）；

——吉尔吉斯共和国 1994 年 4 月 15 日第 1488 – Ⅻ号决议《关于实施限制垄断活动、发展和保护竞争法的程序》（《吉尔吉斯共和国议会公报》1994 年第

5 期,第 164 页)。

3. 吉尔吉斯共和国政府:

——使相关的规范性法律文件与本法保持一致;

——将本法所产生的相关法案提交吉尔吉斯共和国议会审议。

吉尔吉斯共和国总统

萝扎·奥通巴耶娃(R. Otunbayeva)

Chapter 6 第六章

环境保护法

第一节 法律概况

一、《吉尔吉斯共和国环境保护法》的立法基础和目的

吉尔吉斯共和国是一个山脉纵横的内陆国家,境内冰川密布,河流众多,水资源丰富,自然资源禀赋良好。吉尔吉斯斯坦的经济主要依靠农业、矿业和能源等传统产业。因此,在人为活动的影响下,环境污染、资源破坏、生态退化的情况较为严峻。多年来,吉尔吉斯斯坦遭受着土地退化、大气污染、水污染、森林退化、固体废物污染等环境问题的困扰,还面临气候变化、臭氧层破坏、荒漠化和生物多样性损害等全球环境问题,构成国家经济可持续发展的严重障碍。加之气候变暖导致冰川退化,引发淡水资源短缺;极端天气频繁、自然灾害不断,危及农业生产和粮食安全,对吉尔吉斯斯坦国民的生存和健康造成威胁。是以,保护环境、合理利用自然资源促进可持续发展是吉尔吉斯斯坦政府极为重视的问题。自20世纪90年代以来,吉尔吉斯斯坦政府陆续通过了《环境保护法》《大气保护法》《地下资源法》《特别自然保护区法》《生态区域保护法》《山地区域法》《植被利用与保护法》《生态鉴

定法》等重要的环境资源保护法。其中以《环境保护法》为环境和资源保护的综合性基础法律，为吉尔吉斯斯坦环境保护和自然资源合理利用做出了总纲式的规定。

《吉尔吉斯共和国环境保护法》（以下简称《环境保护法》）于1999年由吉尔吉斯共和国议会正式通过。在吉尔吉斯斯坦的立法层级上，议会通过的法律，其效力仅次于宪法，与国际条约和总统法令享有同等法律位阶。因此，该法是吉尔吉斯斯坦宪法之下的基本法律，也是吉尔吉斯斯坦政府致力于环境和自然资源保护的第一部综合性法律。在此之前，环境资源保护类的单行法也有确立，诸如1994年通过的《水法》和《受特别保护区域法》，1997年通过的《渔业法》和《地矿法》。而且，1999年除了《环境保护法》外，还通过了《生物圈法》、《饮用水法》、《大气保护法》、《生态鉴定法》、《野生动物法》、《辐射和人口安全法》以及《森林法令》和《土地法令》。作为一部综合性法律，《环境保护法》的很多规定都属于原则性规定，在后来的部级法案和政府条例中被进一步具体化。至2021年，短短20年时间，该法已历经14次修订，几乎每年都会修订一次。

二、《环境保护法》的主要内容

2020年最新修订的这一部法共十二章，59条，主要内容和结构分为：序言，包括立法宗旨和调整对象；第一章一般规定，包括立法基础、基本概念、基本原则、保护对象、基本措施；第二章环境质量监管，包括定义、类型、批准程序；第三章自然资源的利用，包括自然资源利用的类型、特殊利用、自然资源利用与限制、自然资源的核算与评估、自然资源使用费用；第四章经济和其他活动的环境要求，包括生态鉴定、企业、建筑物及其他设施选址、施工、改造、试运行中的环境要求、经营及其他活动中的环境要求、居住区规划和开发的环境要求、处理放射性物质和化学物质的环境要求、保护环境免受有害生物控制影响、保护环境免受有害物理影响、工业、生活和其他废弃物的环境保护、军事、国防设施和活动的环境要求、保护臭氧和大气层、环境标准化与认证、企业私有化过程中的环境问题解决、生态审计；第五章环境保护领域的监测，包括国家环境监测体系、环境监测任务、环境监测主体、国家环境保护机关与执法、税务、海关等机关的协作；第六章环保措施的经费筹措，包括环保措施、环保措施的资金、环境保险；第七章生态脆弱区，包括定义与类型、生态应急和生态灾害区、环境应急事件的预防；第八章环境保护领域国家机构、社会团体的职权以及公民、自然资源使用者的权利和义务，包括政府的环保职权、国家环保机关的职权、地方行政部门和地方自治机构的职权、特别授权机构的职权、国家机关工作人员的权利义务、社会团体的权利、公民的环境保护权利义务、自然资源使用者的权利义务；第九章环境保护的教育、培养、科学研究、信息，包括环境教育和培养、环境保护的科研、环保信息；第十章环境违法责任、环境纠纷解决，包括环境违法责任、环境违法行为的纪律责任、环境违法行为的行政、刑事和民事责任、单位的环境污染责任、环境保护纠纷的解决程序；第十一章环境保护的国际关系，包括环境保护的国际合作原则、环境保护的国际条约；第十二章附则，包括生效条件、配套立法、法律冲突及适用。

三、《环境保护法》的优势与不足

总体上，该部《环境保护法》较为完整，从内容和立法技术上有可圈可点之处。

首先，立法较为细致。诸如，第一章中的“基本概念”细致地梳理了 51 项法律概念，在正式规范之前，明确了该法当中的绝大部分专门术语和概念的内涵和用法。这既体现了立法需要精准性，同时，又表现出法律需要容易理解、便于运用的特点。这一点在专业性较强的环境法领域显得尤为重要，环境法内容涉及多学科、跨学科专业知识，其术语和概念的内涵要清晰明了，避免误解。

其次，内容较为完整。不仅涉及预防环境污染、保护环境的内容，还规定了自然资源利用与保护、自然区保护的内容。诸如第三章自然资源的管理、第七章生态脆弱区、第四章中的生态鉴定、生态审计等内容均是自然保护法或自然资源法的内容。因此，也有学者和机构将这部法译为《生态保护法》，[①]大概是认为其中自然

---

① 《吉尔吉斯斯坦对环境保护有何法律规定?》，载中亚科技服务中心网 2019 年 3 月 22 日，http://www.zykjfwz.com/index.php?m = content&c = index&a = show&catid = 703&id = 166。

保护法的内容事实上已经超越了环境保护法的范畴,属于更广泛的"生态法"范畴。

但该部《环境保护法》也存在一定问题。

首先,结构不甚合理。有些章节规定得非常细致、具体,如"经济和其他活动的环境要求"一章,涵盖对环境有影响的各类活动的环境要求。但一些章节却显得极为粗糙,如环境纠纷解决的相关内容,仅一个条款,对于其中的环境诉讼规则,特别是环境行政诉讼、公益诉讼的提起、诉讼主体等关键问题均未提及。此外,环境法律责任除了损害赔偿责任有较为细致的规定外,行政责任、刑事责任均缺乏具体的规定,特别是未对责任承担方式进行明确列举。

其次,逻辑存疑。第四章经济和其他活动中的内容中有保护环境免受不利影响、保护大气及臭氧层、私有化中的环境保护这三部分与生态要求缺乏密切关联的内容,以及本应当出现在环境标准这一章的"环境保护标准化"也被纳入该章当中。第五章环境保护领域的监测部分的最后一条国家环保机构与海关、税务和其他机关的协作,从内容上看,并未指明是针对环境监测的协作,所以该条事实上应该出现在环境管理体制当中。第七章中环境应急事件的预防显然不属于生态脆弱区保护的问题。诸如此类明显的逻辑不通之处,令人怀疑这一系列设定和安排是否有着特殊用意。

事实上,独立之后的吉尔吉斯斯坦立法受苏联影响很深,[①]自然资源和环境保护类法律也一样,在很大程度上沿袭了苏联时期的法律,在独立之后,也借鉴了后来俄罗斯的法律。诸如,吉尔吉斯斯坦的《地下资源法》《生态鉴定法》《受特殊保护的自然区域法》《大气保护法》这几部单行法在俄罗斯均有相同名称的法律,而且均是在1995年至1999年通过。而苏联时期只有两部与自然资源和环境保护有关的法律通过,一部是《俄罗斯苏维埃联邦社会主义共和国土地法典》;另一部是1991年通过的《俄罗斯苏维埃联邦社会主义共和国自然环境保护法》(以下简称《俄罗斯自然环境保护法》),该法是俄罗斯生态法体系中享有"母法"地位的综合性基础法律。[②] 该法的结构与吉尔吉斯斯坦《环境保护法》极

① Environmental performance reviews-kyrgyzstan, Economic Commission for Europe Committee on Environmental Policy, 2000, available at: https://unece.org/DAM/env/epr/epr_studies/kyrgyzstan.pdf.

② 参见王树义:《俄罗斯生态法》,武汉大学出版社2001年版,第66页。

为相似,诸如"自然环境质量标准""国家生态鉴定""对企业、建筑物和其他工程项目的布局、设计、新建、改建和交付使用的生态要求""对企业、建筑物及其他项目在运营和从事其他活动中的生态要求""紧急生态情势""生态监督""生态培训、教育和科学研究""自然环境保护纠纷解决""生态违法行为责任",这些在《俄罗斯自然环境保护法》中也专门作为单独章节明确规定。在法律概念上,吉尔吉斯斯坦《环境保护法》自然也借鉴和吸收了很多《俄罗斯自然环境保护法》的概念和术语,诸如生态鉴定、受特殊保护的自然区域、生态要求等。

第二节　法律文本

吉尔吉斯共和国法律

1999 年 6 月 16 日第 53 号

吉尔吉斯共和国环境保护法

(经吉尔吉斯共和国 2002 年 2 月 4 日第 22 号、2003 年 6 月 11 日第 101 号、2004 年 8 月 11 日第 113 号、2005 年 8 月 6 日第 124 号、2009 年 4 月 27 日第 131 号、2013 年 3 月 11 日第 36 号、2014 年 3 月 13 日第 42 号、2015 年 1 月 12 日第 03 号、2015 年 1 月 16 日第 17 号、2015 年 7 月 2 日第 142 号、2016 年 7 月 25 日第 135 号、2018 年 5 月 26 日第 55 号、2019 年 7 月 8 日第 83 号、2020 年 3 月 23 日第 29 号法律修订)

自然及其组成部分是吉尔吉斯共和国的国家资产,是其社会经济可持续发展的主要因素之一。

本法确定了吉尔吉斯共和国自然利用和环境保护领域的政策和法律关系。

第一章　一般规定

第1条　吉尔吉斯共和国环境保护立法

环境保护与合理利用自然资源领域的关系由《吉尔吉斯共和国宪法》、本法、吉尔吉斯共和国其他法律以及根据本法通过的吉尔吉斯共和国的其他法律法规规定。

第2条　本法中使用的基本概念

本法使用以下基本概念：

自然资源的再生产——一套旨在补充和增加自然资源或增强自然客体有用属性的科学、组织、经济和技术措施；

自然资源的恢复——为补充自然资源或增强因人为影响或自然力量而损失的自然客体有用属性的组织、技术、经济和其他措施；

破坏臭氧物质的回收——通过过滤、干燥、蒸馏、化学处理回收破坏臭氧物质，以恢复破坏臭氧物质的消费属性；

环境破坏——由于环境污染、自然资源耗竭、破坏自然生态系统而导致的人类活动对环境状况的负面影响，对人类健康和生命、动植物群、物质价值造成真正威胁；

有害物质排放——将任何污染源的污染物释放到外部环境（进入大气、水体、土地）；

野生动物——受法律保护的自然对象（资源），包括处于自然自由状态的昆虫、爬行动物、动物、鸟类、鱼类和其他动物，具有生态、经济、文化和娱乐功能；

污染物——当以一定浓度释放到环境中时，对人类健康、动植物状况、物质和文化价值构成威胁的物质；

保护区（环境领域）——自然（土地、水域、底土）空间的一部分，法律给予其特殊保护，以防止经济活动或自然灾害的有害影响；

绿化区——一种保护区，是位于城市、工业中心周围的由森林、保护性植被和绿化植被占据的部分土地空间，法律赋予其特殊保护制度，以防止经济活动对人类环境产生有害影响；

疗养区——一种保护区,包括疗养区的土地、水域及其卫生保护区域,依法建立特殊保护制度,以便为疗养区提供适当的卫生、健康和娱乐条件;

养生区——参见保护区、疗养区、绿化区、休闲区;

受保护区(环境保护领域)——一种保护区,即根据法律规定的程序形成的一部分空间,通过在自然资源的使用方面实行某些限制以保护受保护对象,保护保留地、国家自然公园的区域;

卫生保护区——旨在确保大气表层污染物含量达到所要求的卫生标准的区域,减少企业、运输通信、电线及物理因素对周围人口的负面影响,其中物理因素包括噪声、振动增加、次声波、电磁波和静电;

休闲区——用于休闲和旅游的部分环境空间,包括绿化区、疗养区、养生区;

生态危急区——国家(州、市、区)在发现了明显环境污染,自然生态系统破坏,水体、土地、动植物资源耗竭的迹象,发病率和死亡率急剧上升,超过平均数的数倍后,正式宣布该部分区域的状态为生态危急区;

生态灾害区——国家(州、市、区)在确定存在自然生态系统完全破坏,大气、水体、土壤、水、植物、动物资源完全耗竭以及发病率和死亡率高的迹象后,正式宣布该部分区域的状态为生态灾害区;

环境信息——关于水、空气、土壤、底土、动植物的状况,可能影响其状况的活动及其保护措施信息;

自然资源籍册——关于自然资源的数量和质量及其生态和经济(包括医疗和卫生)评估信息的总和。籍册分为:地籍册、水资源籍册、森林籍册、矿产地籍册、动物籍册(分鱼类和陆地动物)、自然保护区籍册、养生区籍册。由国家主管部门制定自然资源籍册的结构和编制程序;

红皮书——关于珍稀、濒危或濒临灭绝的动植物客体和菌类的生物学、种群与栖息地状况,以及关于其保护、恢复和持续利用的现有措施和建议措施的信息汇编;

限额(环境保护领域)——自然资源开采、消耗和有害物质排放的最大数量。制定限额是为了保护自然环境,合理利用资源,防止对自然环境造成有害影响；

环境监测——对环境参数进行观测，评估其状况并预测其变化；

环境质量标准化——建立环境质量指标体系；

对环境有害影响的最大允许标准——经济、娱乐和其他活动对环境影响的最大允许标准，确保环境保护、自然资源合理利用、社会和人体健康的生态安全；

环境质量标准——表征环境质量标准的指标：有害物质的最大允许浓度（MPC）标准、污染物排放标准、辐射暴露的最大允许水平（MPL）、噪音水平、振动、磁场、农业、林业中化学物质最大允许使用标准、食品中化学物质的最大允许残留量、人类活动对环境的最大允许负荷标准；

环境治理——一系列旨在预防和消除经济活动的有害生态影响，改善环境质量的卫生、经济和法律措施；

臭氧层——位于地球表面以上赤道的两极 7 ~ 8 公里、17 ~ 18 公里，臭氧浓度增加，吸收对生物有害的紫外线辐射的大气层；

环境——人类栖息地、生物圈，是人类和其他生物的生存条件、空间和场所，包括自然生态系统体系和自然环境中因人类活动而改变的那部分自然环境；

特别自然保护区——土地、水（水域），包括自然综合体或单独自然客体，为其建立了特别保护和使用制度。特别自然保护区，包括具有特殊生态、环境、科学、历史文化、美学和健康意义的自然综合体和自然客体；

废弃物——在经济活动过程中产生的原料、材料、半成品、其他产品和产品的残余物；

环境保护——旨在保护自然资源、促进自然资源再生、合理利用自然资源、改善人类环境质量的基础上，确保社会与自然和谐相处的国家和公共措施体系；

环境影响评价（EIA）——在决策的设计中阐明、分析、评估和统计经济活动和其他活动对环境的预期影响及其可能引起的环境变化；

温室气体——吸收和重新发射红外辐射的气态污染物；

破坏臭氧物质的消耗量——吉尔吉斯共和国生产和从其他国家进口的破坏臭氧物质的总量，不包括向其他国家出口的破坏臭氧物质；

自然资源——人类消耗的自然资源（土地、水、森林资源、矿物、矿物原料储备、放射性物质、动植物群及其组成部分和其他自然客体）；

自然资源利用——一系列对自然资源潜力各种形式的开发和保护措施；

环境保护——规定自然保护、合理利用自然资源和环境保护方法的规范性法律文件的总和，旨在保障各经济利益与最佳环境质量的科学结合；

破坏臭氧物质的回收——在机械和设备维修期间或停止使用之前，提取、收集和保存机器和设备及其部件、容器中的破坏臭氧物质；

再循环——为再利用而对破坏臭氧物质进行处理；

自然资源的特殊利用——从环境中取用（提取、收集、取样等）自然资源的各种使用方式；

破坏臭氧物质的清除——改变破坏臭氧物质的过程，使其分解或转化为非破坏臭氧物质的过程；

环境损害——由环境变化或环境污染造成的以货币计算的社会、经济和非经济损失；

（根据吉尔吉斯共和国 2018 年 5 月 26 日第 55 号法律，第 43 款失效）

生态审计——对企业的生态状况、财产或活动进行审查（核实、评估），以确定过去或现在存在的问题、潜在的生态风险和责任；

生态安全——作为人类和社会生存条件和介质的环境不受人为和自然影响的威胁，以及个人和社会重大利益受到保护的状态；

生态鉴定——确定将对环境和自然资源状况造成直接或间接影响的计划方案的生态风险水平和危险程度；

环境认证——确认认证对象符合既定环境要求的活动；

环境证书——根据环境认证制度的要求制定的正式文件，用来认证对象的生态安全程度，由认证的环保机构按规定的程序颁发；

生态系统——统一、稳定、相互联系、自我发展、自我调节的自然环境组成部分的集合，进行新陈代谢和能量交换，包括自然生态系统（“原始生态系

统”)、经改善的生态系统(“经改善的生态系统”)、经改造的生态系统(“经改造的生态系统”);

环境监管——对企业、机构、组织、公民遵守有关环境保护和生态安全要求的核查,包括国家、部门和公众环境监管;

环境违法行为——违反环境立法并危害环境和人类健康的违法违规行为;

环境犯罪——危害已建立的环境法律秩序和社会的生态安全,对环境和人类健康造成危害的社会危害性犯罪行为。

(经吉尔吉斯共和国 2002 年 2 月 4 日第 22 号、2003 年 6 月 11 日第 101 号、2013 年 3 月 11 日第 36 号、2014 年 3 月 13 日第 42 号、2015 年 1 月 12 日第 03 号、2018 年 5 月 26 日第 55 号法律修订)

第 3 条 环境保护基本原则

公民均有权享有有利于生命和健康的环境,并有权获得因经济或其他活动对环境的不利影响而对健康或财产造成损害的赔偿。

环境保护的主要原则如下:

——优先原则:切实保障人权得到尊重,创造有利于生活、工作和休息的环境,确保人的生命和健康;

——平衡原则:维持生态系统的稳定,在经济和其他活动中遵守环境保护规则,促进自然资源再生,防止对环境和人类健康造成不可逆转的后果;

——综合性原则:科学协调社会的环境、经济和社会利益,解决资源节约和环境保护问题的复杂性;

——限制原则:组织强制性的环境影响评价,有效限制经济活动和其他对环境的影响;

——责任原则:严格遵守有关环境保护的立法要求,违反环境保护规范必须担责,企业、机构、组织、农场和公民对环境造成损害的,须给予赔偿;

——公开原则:在经济和其他对环境有影响的活动中解决环境问题应保持透明,与公共组织和公众密切沟通,结合国家、区域和国际在环境保护领域的利益,鼓励和激励旨在保护和合理利用自然资源的措施。

(经吉尔吉斯共和国 2002 年 2 月 4 日第 22 号法律修订)

第 4 条 保护对象

地球及其底土、土壤覆盖物、水、森林、植物、动物及其基因、大气、其他自然客体、综合体和生态系统以及地球的整体气候和臭氧层应受到保护,使它们免受污染、腐蚀、破坏、毁损、耗尽和其他负面影响。

第 5 条 特别保护对象

对具有特殊生态、环境、科学、历史、文化、美学、健康意义的自然或者人工创造的自然综合体和自然物,珍稀、濒危的植物、动物及其栖息地,实行特殊保护。为此,吉尔吉斯共和国建立了特别自然保护区:国家保护区、生物圈保护区、国家自然保护区、国家自然公园、自然遗迹、旅游和休息区、植物和动物园、森林公园。

吉尔吉斯共和国《特别保护区法》和吉尔吉斯共和国其他法律规定了特别保护区的法律地位和设立程序。

为了特别保护稀有或濒危动植物物种,在吉尔吉斯共和国制定《红皮书》。《红皮书条例》由吉尔吉斯共和国政府批准。

(经吉尔吉斯共和国 2014 年 3 月 13 日第 42 号法律修订)

第 6 条 保护环境的措施

吉尔吉斯共和国采取下列措施保护环境:

——自然资源的国家核算和社会经济评估;

——环境质量监管(空气、水、土壤、底土和其他自然物体中有害物质的最大允许浓度);

——经济和环境关系的全面监管;

——对环境有影响的经济或其他活动制定环境要求;

——为自然资源的使用、污染物的排放、废弃物处置的物理影响和其他有害影响,制定罚款标准;

——国家支持自然资源使用者采用无废弃物和低废弃物技术;

——引进环保创业;

——在设计和开展经济活动和其他活动方面提供生态鉴定,以防止这些活动对环境产生不利影响;

——对保护区、野生动物保护区、国家公园、珍稀动植物物种和其他受保护对象实行特别保护,并设立特别环境执法部门;

(根据吉尔吉斯共和国 2018 年 5 月 26 日第 55 号法律,第 11 款无效)

——对环境造成损害的违法行为要求赔偿,并采取措施恢复受损害的环境状态;

——确定环境违法行为及责任追究的措施;

——追究环境保护领域违法者的责任;

——森林的保护和再生;

——恢复天然水的纯净;

——防止空气污染;

——利用风能、太阳能以及其他非传统资源节约型能源;

——在建造水力发电站时考虑环境保护(脆弱山区生态系统的人为负荷、地下水位上升、山崩和地震等)。

吉尔吉斯共和国的立法、地方国家行政当局和地方自治机构可规定其他环境保护措施。

(经吉尔吉斯共和国 2002 年 2 月 4 日第 22 号、2018 年 5 月 26 日第 55 号法律修订)

第二章　环境质量监管

第 7 条　环境质量监管

为了确立环境影响的最大允许标准,本法规定环境质量监管。

环境质量监管是基于国际公约和协定,结合最新科学成果而制定的环境质量规范和标准体系。

环境质量标准、最大允许有害影响及其确定方法由吉尔吉斯共和国国家环境保护和卫生局依据授权与其他特别授权的国家机构达成协议核准。

第 8 条　环境质量标准类型

环境质量的规范和标准体系包括:

——空气、水、土壤和底土中有害物质最大允许浓度标准;

——有害物质最大允许排放标准;

——最大允许辐射水平标准;

——环境负荷最大允许水平标准;

——卫生和保护区标准;

——自然资源限用标准;

——噪声、振动、电磁场和其他有害物理影响的最大允许水平标准;

——农业中使用化学品的最大允许标准;

——食品中化学、有毒、致癌物质和生物添加剂的最大允许浓度标准。

吉尔吉斯共和国的立法可以规定其他类型的环境质量标准。

第 9 条 环境质量标准批准程序

有害物质最大允许排放标准,最大允许辐射安全水平,最大允许环境负荷水平,卫生和保护区、空气、水、土壤、底土和其他自然客体中有害物质最大允许浓度标准以及有害环境产品的标准,依据吉尔吉斯共和国政府制定的程序批准。

第三章 自然资源的利用

第 10 条 自然资源利用的类型

自然资源管理分为:一般自然资源管理和特别自然资源管理。

自然资源的一般利用无须任何特别许可,它是由公民根据其出生和生存而产生和存在的自然权利(天气、饮用水的使用,卫生及娱乐需求的满足等)进行的。

(经吉尔吉斯共和国 2003 年 6 月 11 日第 101 号法律修正)

第 11 条 自然资源的特殊利用

自然资源的特殊利用按使用对象的类型分为土地利用、底土利用、森林利用、水利用、动植物利用、大气利用。

利用自然资源的程序和条件由本法、各部门的自然资源立法和吉尔吉斯共和国的其他法律法规规定。

第 12 条 许可与使用自然资源和环境服务相关的活动

(根据吉尔吉斯共和国 2003 年 6 月 11 日第 101 号法律,本条废除)

第 13 条 自然资源利用的限制

自然资源的特殊利用是在既定的限度内进行的。

自然资源的利用限制由特别授权的国家环境保护机构根据自然资源的规范使用(取用)量、向环境中排放污染物的最大允许量和生产废弃物的规范处置量,结合该地区的生态状况,为自然资源使用者确定。

限制又具体分为:

——从环境中取用自然资源的最大允许标准;

——排放、向环境中排放有害物质、废弃物处置的最大允许标准。

第 14 条 自然资源的国家核算和社会经济评估

吉尔吉斯共和国国家环境保护机构与国家统计机构、其他特别授权机构、自然资源使用者一同记录自然资源和二次资源,确定其社会经济重要性。

特别授权的国家机构负责组织维护国家的土地、水、森林、底土、野生动物、特别保护的自然区域和对象以及生产和消费的废弃物的籍册。

(经吉尔吉斯共和国 2019 年 7 月 8 日第 83 号法律修订)

第 15 条 自然使用费

特别自然管理实行有偿管理。

自然使用费由自然资源使用费、环境污染费和对自然的其他不利影响的费用组成。

自然资源使用费是为在规定范围内使用自然资源和超限使用自然资源而设立,其需按规定程序上缴国家财政,用于保护和改善环境。

环境污染费是排放、污染物排放、废弃物处置和其他类型的污染以及对自然的不利影响的收费。

单位法人和个人将排放、有害物质排放、废弃物处置的费用按规定划入国家非预算内环境保护专项资金账户。

自然资源使用费、环境污染费和对自然的其他不利影响费的费率和标准、收取和使用的程序由吉尔吉斯共和国政府规定。

参照:

吉尔吉斯共和国政府 2015 年 9 月 10 日第 625 号“关于批准吉尔吉斯共和

国环境污染费用缴纳费率”的决议；

吉尔吉斯共和国政府2016年3月22日第137号“关于批准吉尔吉斯共和国地表水使用费确定和收取暂行程序”的决议；

缴纳自然资源使用费并不免除自然资源使用者采取环境保护措施、对因违反环境立法而造成的损害进行赔偿以及对违法犯罪行为承担责任的义务。

（经吉尔吉斯共和国2002年2月4日第22号、2004年8月11日第113号、2015年1月16日第17号、2018年5月26日第55号、2020年3月23日第29号法律修订）

第四章　经济和其他活动的环境要求

第16条　环境评估

提供生态鉴定是为了防止计划的经济和其他活动对环境可能产生的不利影响。

生态鉴定应当在作出经济决策之前依据有效性、独立性、客观性、合法性和公开性等原则进行和确立。

禁止在缺乏国家生态鉴定肯定结论的情况下资助和实施与环境管理有关的项目。

与生态鉴定有关的关系，适用《吉尔吉斯共和国生态鉴定法》。

第17条　企业、建筑物和其他设施的选址设计、施工、改造、试运行的环境要求

在对环境有直接或间接影响的设施和活动的设计、安排、施工、重建、技术改造、试运行期间，按照环境标准采取环境保护、合理利用、自然资源再生产、改善环境的措施，并对所计划的活动进行环境影响评估。

选址的确定以及经济设施的设计、施工、试运行，依据现行立法并基于国家生态鉴定的肯定结论进行。不得变更已批准项目，损害生态安全要求。

未安装环境污染监测、危险废弃物处理、净化装置和设备和已达到最高排放标准的建筑物禁止投产使用。禁止投产未安装环境污染监测设施危险废弃物处理、净化的设备和装置，达到允许排放的最高标准。

第 18 条 开展经济或其他活动的环境要求

在开展活动的过程中，生产经营者和其他实体有义务遵守经批准的技术规范，拥有控制、净化和处理废弃物的设施和装置，并确保可靠、有效运作，采用对环境无害的技术和生产措施，保护和合理利用土壤、底土、水、大气、森林、动植物群，以保证自然资源的再生和繁殖。

在畜牧业和农产品加工领域从事商品生产的单位和个人，必须具备必要的卫生防护区和处理设施。

在运行开垦系统进行开垦工作时，必须采取措施保持水平衡，节约用水，保护土地和森林免受枯竭和洪涝灾害，并防止对环境造成其他不利影响。

水力发电厂的运行必须严格按照保护鱼类种群、避免产生环境不利变化的要求进行。

第 19 条 居住区规划和开发的环境要求

在城市和其他居住区规划和建设时，必须符合卫生清洁、消毒、城市废弃物处理或掩埋、保护居民免受有害地质和水文地质作用的影响、保护历史遗迹和自然遗迹的要求。

在城市和其他居住区周围，建立环境友好区域、森林公园、绿色保护区，在取用较多自然资源的经济活动中，实行限量取用的自然管理制度。

第 20 条 处理放射性物质和化学品的环境要求

在放射性、有毒物质和化学品的生产、储存、运输、贸易、使用和处理过程中，单位和个人有义务遵守规定的标准和规则，满足环境要求，采取预防措施消除有害后果。当放射性、有毒物质与化学品超过规定标准时，应立即通知主管机关，确保消除辐射和化学品威胁。

禁止从其他国家进口用于储存或处置放射性废弃物和材料的货物。

已报废的含有消耗臭氧层物质的产品，禁止在废弃物处理设施中直接处理，应当回收以进一步无害化处理。

禁止使用无法降解、对人体和环境产生有害作用的有毒化学品。

生产经营者和其他实体必须凭许可证开展有关放射性物质和有毒化学品使用的活动。处理放射性物质和有毒化学品的许可证由特别授权的国家机构颁发。

（经吉尔吉斯共和国 2002 年 2 月 4 日第 22 号、2015 年 1 月 12 日第 03 号法律修订）

第 21 条 保护环境免受有害生物控制的影响

未经检疫证明，禁止进口（包括过境）生物制品及其废弃物。经生态专家确认后，仅允许为科学研究、医疗和兽医的目的引进和驯化共和国未知的生物体。国内外选育的植物新品种、动物品种、微生物菌种，在制定生态安全措施并经国家审查、检测合格后，方可进行工业生产。

禁止使用和繁殖不符合相应地区自然特征的生物体和人工获得的生物体，不得将人工创造的遗传物质繁殖和渗透到自然群落中。

在动植物源性材料的生产、繁殖、储存、运输、贸易、掩埋、销毁过程中，必须遵守生态安全措施，排除对基因库和人类健康产生不利影响的可能性。

（经吉尔吉斯共和国 2002 年 2 月 4 日第 22 号法律修订）

第 22 条 保护环境免受有害物理影响

禁止工业和其他来源的噪声、振动、电磁场和其他对人体健康和环境有害的物理影响超过最大允许标准。

单位和个人有义务采取必要措施，预防和消除超标的工业和其他来源的噪声、振动、电磁场的有害影响和其他对环境的有害物理影响。

城市和其他居住区的规划和开发，企业、车间、工艺线的设计和改造，新技术的研发，陆路、水路和空运的设计、改造和运营以及娱乐机构的经营过程中应采取措施，确保遵守最大限度地允许标准。

（经吉尔吉斯共和国 2002 年 2 月 4 日第 22 号法律修订）

第 23 条 工业、生活和其他废弃物的环境保护

工业和其他废弃物仅允许在特定的区域以规定的方式排放。禁止向公共水体、地下含水层排放废弃物和污水。

单位和个人有义务采取符合现行的环境、卫生防疫规范和规则的有效措施中和、加工、储存或处置工业和生活废弃物。

废弃物的储存和掩埋地点，由吉尔吉斯共和国国家环境保护和卫生主管机

关与地方政府通过协议决定。废弃物的储存和掩埋依据法律规定的方式进行。

潜在危险、剧毒和放射性废弃物的掩埋或其他方式的处置,应在吉尔吉斯共和国国家环境保护机构的许可下,经吉尔吉斯共和国国家卫生局同意,在配备特殊设施的填埋场进行。

禁止在城市和其他居住区附近、林区、森林公园、疗养地、养生区、休闲区和其他可能对环境和公众健康造成威胁的地方放置核工业废弃物等有毒废弃物。

(经吉尔吉斯共和国 2002 年 2 月 4 日第 22 号法律修订)

第 24 条 军事和国防设施、军事活动的环境要求

本法规定的环境要求完全适用于在吉尔吉斯共和国领土进行的军事和国防设施、军事活动。

根据吉尔吉斯共和国法律,军事指挥和领导机构有义务赔偿对环境和人类健康造成的损害。

第 25 条 保护气候和大气臭氧层

保护环境免受气候变化的有害影响。大气臭氧层通过以下方式得到保护:

——在经济和其他活动及其他进程的影响下,组织观测、核算和控制气候状态、臭氧层的变化;

——定期组织收集和核算吉尔吉斯共和国加入的《蒙特利尔议定书》未予管制的所有温室气体人为源排放量和汇消除量的数据,以及臭氧物质消耗量的数据;

——制定和遵守影响气候状态和臭氧层的有害物质的最大允许排放量标准;

——制定并执行国家、区域和部门方案,以减少温室气体排放和充分适应气候变化,至少每五年更新一次;

——在生产和日常生活中管制破坏臭氧的化学品;

——对违反前述规定的行为采取追究责任的措施,包括根据吉尔吉斯共和国国家环境保护机构的决定暂停或禁止有害活动。

根据吉尔吉斯共和国参加的国际协定,各部委、企业、机构、组织有义务减少并最终完全停止消耗和使用对臭氧层产生有害影响的化学品。

对大气臭氧层产生有害影响的化学品和工业废弃物清单由吉尔吉斯共和国国家环境保护机构批准，并向所有国家主管部门和行政机构、企业、法人和组织报告。

为了保护大气臭氧层不受经济和其他活动的不利影响，应制定破坏臭氧层物质清单，清单所载物质在吉尔吉斯共和国的流通受国家管制。

受国家管制的破坏臭氧物质清单、破坏臭氧物质的允许消费量、破坏臭氧物质的流通由吉尔吉斯共和国政府批准。

国家机构、地方自治机构、个人和单位在开展经济和其他活动时，有义务遵守本法的要求。

（经吉尔吉斯共和国 2013 年 3 月 11 日第 36 号、2015 年 1 月 12 日第 03 号法律修订）

第 26 条　环境标准化与认证

环境标准化和认证的对象包括在吉尔吉斯共和国境内生产或进口的，可能对生态安全、人体生命健康、自然资源合理利用和再生构成威胁的产品（工艺、服务）。

环境标准化和认证对象清单由吉尔吉斯共和国政府批准。

吉尔吉斯共和国环境保护领域的国家标准和技术规范，应按照法律规定的程序制定、批准和登记。

禁止开发、制造、交付（销售）、储存、运输、使用（经营）和修理违反已注册环境保护领域技术规范、标准和要求的产品和工艺（服务）。

为了审查对环境保护领域标准和技术规范的遵守情况，应以法律规定的方式进行环境认证。

第 27 条　解决企业私有化过程中的环境问题

在国有企业私有化过程中，关于这些企业的经济活动对环境造成的不利影响和对环境、单位、个人财产以及公民健康造成的损害，在新的所有者和国家之间进行明确的责任划分。

在企业私有化和其他所有权转让过程中，应进行生态审计，以便评估生态状况和对环境的损害。

第 28 条 生态审计

生态审计是根据吉尔吉斯共和国国家环境保护机构规定的程序，由独立专家对企业进行自我审计，并确定企业过去活动造成污染的潜在风险，以预防和消除违反环境立法的行为。

生态审计由有兴趣从事生态审计的单位以其自筹资金或以法律规定方式引进的资金进行。

第五章 环境保护领域的监测

第 29 条 环境监测

为了确保对环境及其资源的状况和变化进行观测、核算、评估、预测、监督和管理，吉尔吉斯共和国正在建立国家环境监测体系。

吉尔吉斯共和国政府制定了实施国家环境监测的结构、内容和程序。

对环境状况的监测，包括跨界污染转移、自然资源的利用，由共和国各地的特别授权机构通过城市、工业中心、自然场所和个别区域的观测系统，以及其活动导致或可能导致环境退化的企业、组织和机构负责。

特别授权机构以及企业、组织和机构有义务将其观测资料无偿移交给监测环境和公共卫生的有关国家机构。

第 30 条 环境监测任务

环境保护和自然资源利用领域的监测有其自身的任务：监测环境在经济和其他活动影响下的状态和变化，监察环境保护措施的执行情况，自然资源的合理利用，环境改善，环境立法和法规要求的遵守情况，监测环境质量。

环境保护监测体系包括国家监测、部门监测和公共监测。

第 31 条 环境监测主体

企业和其他生产经营者应当在各自区域和建筑物监测环境状况与影响。

吉尔吉斯共和国各部门和行政机构在其管辖范围内对环境状况进行监测，监测保护和改善环境、自然资源合理利用和再生、法律之措施的遵守和执行情况。

吉尔吉斯共和国国家环境保护机构对环境保护状况和自然资源的利用进

行国家监测。吉尔吉斯共和国政府确立对环境保护状况和自然资源利用实施国家监测的程序。

吉尔吉斯共和国国家环境保护机构关于自然保护的决定对所有部门、行政机构、公民、企事业单位和其他实体具有约束力。

环境保护和自然资源利用领域的公共监测程序，依据与本法不抵触的社会团体的章程、惯例和规范。

第32条　国家环境保护机构与吉尔吉斯共和国执法、海关、税务和其他国家机构之间的协作

吉尔吉斯共和国国家环境保护机构在行使其权力时，按照吉尔吉斯共和国立法和依据法律通过的部门间联合行动法令确定的程序和规则，与吉尔吉斯共和国的执法、海关、税务和其他机构、边防部队进行协作。

第六章　环保措施的经费筹措

第33条　环保措施

为了防止环境污染、合理利用吉尔吉斯共和国的自然资源，国家采取保护环境的措施。

在国家间、国家、部门间、地区间发展和部署生产力、利用自然资源的方案和计划中，在企业生产和金融活动的当前和未来计划中，以及有针对性的环境方案中，制定环境保护措施。

第34条　环保活动的资金筹措

环境保护活动的资金来自共和国和地方预算。

（经吉尔吉斯共和国2018年5月26日第55号法律修订）

第35条　自然保护基金

（根据吉尔吉斯共和国2018年5月26日第55号法律废止）

第36条　环境保险

为确保生命、健康和财产利益得到保护，在发生环境灾害、事故和灾难时，吉尔吉斯共和国为单位和个人及其财产和收入提供自愿和强制的环境保险，以及环境污染责任保险。

从事对环境有害的经济和其他活动的单位和个人必须参加强制性环境保险。

与环境保险有关的关系,受吉尔吉斯共和国法律规范。

第七章　生态脆弱区

第 37 条　生态脆弱区

吉尔吉斯共和国境内某些地区的生态状况可根据生态脆弱的程度分为以下几类:

——相对满意;

——紧张;

——紧急;

——生态危急区;

——特大灾害或生态灾害区。

吉尔吉斯共和国政府通过了环境脆弱分类标准。

第 38 条　生态危急区与生态灾害区

吉尔吉斯共和国境内因经济和其他活动,自然力量、事故、灾难或环境的持续负面变化而威胁到人类健康、生态系统、动植物遗传资源的地区,可宣布为生态危急区。

吉尔吉斯共和国境内,环境发生了不可逆转的深刻变化,导致人类健康严重恶化、自然平衡破坏、生态系统破坏、动植物群退化的地区,可宣布为生态灾害区。

宣布生态危急区或生态灾害区的决定由吉尔吉斯共和国总统作出。

在吉尔吉斯共和国境内的生态危急区,可禁止或限制自然资源利用的活动。

在生态灾害区,停止对环境产生不利影响的活动,暂停经济设施的运转(但与公共服务有关的除外),并限制自然资源利用。

在生态危急区和生态灾害区,应根据吉尔吉斯共和国法律规定的程序迅速采取措施,恢复自然再生,改善环境,为人民提供社会保护。

修复生态危急区和生态灾害区的费用，由直接肇事者以及共和国和地方预算的专项资金承担。

（经吉尔吉斯共和国 2018 年 5 月 26 日第 55 号法律修订）

第 39 条　环境应急事件的预防

在经济设施和其他设施的设计、运行、养护和清理过程中，应制定和执行预防事故和消除事故后果的措施。

单位和个人负有义务迅速处理所发生的事故和灾难，并立即通知有关国家机关、专门服务部门和人员。

第八章　环境保护领域国家机构、社会团体的职权，公民、自然资源使用者的权利和义务

第 40 条　吉尔吉斯共和国政府在环境保护领域的职权

吉尔吉斯共和国政府在环境保护领域的职责如下：

——对各部门、行政机构、协会、企业、机构、组织的活动进行管理、协调和监管；

——对共和国境内自然资源使用情况进行监测和管理；

——批准环境污染费用确定的方法；

——组织、制定、设计、批准、资助、实施和监管共和国、地区间、国家间的环境保护方案和计划的实施；

——组织和保存自然资源籍册；

——批准生态安全的标准、限值和规范；

——批准因违反环境立法而造成损害的赔偿程序和数额；

——批准关于吉尔吉斯共和国在环境保护监测和环境评估方面的条例；

——批准关于国家环境保护特别授权机构的条例；

——作出暂停或终止执行先前通过的开发和部署生产经营、土地开垦、化工计划的决定和其他决定，如果执行此计划会导致环境状况恶化；

——确定用于净化和处置未利用的有毒和放射性废弃物的填埋场的地点；

——就组织特别自然保护区和目标并将其纳入吉尔吉斯共和国自然保护

区基金作出决定;

——批准环境保险令;

——对公民进行环境教育和培训;

——开展国际合作。

(经吉尔吉斯共和国 2002 年 2 月 4 日第 22 号、2004 年 8 月 11 日第 113 号、2018 年 5 月 26 日第 55 号法律修订)

第 41 条 吉尔吉斯共和国国家环境保护机构的职权

吉尔吉斯共和国国家环境保护机构负责监管各部门、行政机构、企业、法人和组织的环境保护活动。

吉尔吉斯共和国国家环境保护机构的职权包括:

——在环境保护和自然资源利用上实行统一的国家政策和综合管理,协调各部门、行政机构、企业、法人和组织在这一领域的活动;

——监管对土地、底土、地表水和地下水、大气、森林和其他植被、动物的利用和保护以及对生态安全标准的遵守;

——组织环境监测;

——组织制定和批准管理自然资源利用和保护环境免受污染及其他有害影响的规则、条例、指示、规范和标准;

——组织、授权开展环境认证的行政机构,对环境、自然资源、产品、材料和原材料、生产和消费废弃物、工艺和服务进行环境认证,旨在确保生态安全和预防环境损害,颁发环境证书,认定环境认证机构、环境管理系统、生态评估实验室;

——落实国家生态鉴定;

——无偿接受各部门、行政机构、企业、法人和组织提供的环境信息;

——终止自然资源利用的权利,就限制、暂停、终止有害环境的活动作出决定;

——根据吉尔吉斯共和国法律颁发自然资源利用、进出口和销售证书,颁发包括放射性材料和废物在内的有毒材料和物质的使用、堆放、销毁和掩埋许可证;

——限制、暂停或终止违反环境立法或超过污染物排放限额的企业和其他组织的活动；

——制定地区、州和州际环境方案；

——组织自然资源的核算和评估，维护国家自然资源籍册；

——确立和执行环境保护和环境管理的经济机制，征收和调整自然资源使用费；

——管理吉尔吉斯共和国自然保护区基金，维护吉尔吉斯共和国红皮书，组织自然保护区的管理；

——协调其他特别授权的保护环境和利用自然资源的国家机构的工作；

——参与构建普遍、持续的环境教育和公民教育体系；

——在环境保护、产品生态安全和工艺流程领域开展国际合作，研究、总结和传播国际经验，确保吉尔吉斯共和国根据环境保护国际协定履行义务。

吉尔吉斯共和国国家环境保护机构就其职权范围内的问题所作决定对所有单位和个人具有约束力；单位和个人可依据行政活动和程序的立法，针对这些决定提出上诉。

（经吉尔吉斯共和国 2002 年 2 月 4 日第 22 号、2003 年 6 月 11 日第 101 号、2016 年 7 月 25 日第 135 号法律修订）

第 42 条 地方国家行政部门和地方自治机构的职权

地方政府部门参与环境方案的制定和环境保护措施的实施，并根据管理地方政府部门活动的立法行事。

地方自治机构在其辖区内行使环境保护的国家权力，依据有关将某些国家权力下放给地方自治机构的程序立法，参与制定环境方案和实施环境保护措施。

（经吉尔吉斯共和国 2015 年 7 月 2 日第 142 号法律修订）

第 43 条 国家环境保护特别授权机构的职权

特别授权的国家环境保护机构的职权，由吉尔吉斯共和国政府批准的规定确定。

第 44 条 吉尔吉斯共和国的国家机关工作人员在环境保护领域的权利和义务

吉尔吉斯共和国国家环境保护机构以及其他特别授权的国家环境保护机构的工作人员,有义务确保按照规定的程序履行其所承担的职责,他们有权:

——按照吉尔吉斯共和国法律规定的程序,访问企业、机构、组织、市场(集市)、军事单位、军事单位的特殊场所和服务部门、内务机构和国家安全部门,查阅执行职务所必需的文件、报告和其他材料;

——按照吉尔吉斯共和国立法规定的程序,检查环境立法、环境质量标准的遵守情况、环境保护措施的执行情况、污染处理设施和其他环境保护设施的运行和控制情况;

——制定环境污染排放和有害物质排放的标准;

——指定国家生态专家,确保其意见的执行;

——要求消除已查明的设施缺陷,就设施的许可、设计、施工、改造、试运行和正式运行作出指示或意见;

——通过人身搜查和物品检查、没收犯罪物品或工具(包括非法获得的自然资源)、检查车辆,逮捕罪犯;

——审理环境保护和自然资源利用领域的行政违法案件,对有罪者处以罚款和其他行政处罚,必要时将案件移交司法机构追究有罪者的刑事责任,就造成的环境损害向法院提出赔偿要求;

——按照法律规定的程序储存、携带和使用军械或执行公务所需的特殊工具,按照吉尔吉斯共和国政府通过的规定购买带有徽章的制服;

——禁止违反保护和利用自然资源的环境立法、标准、规范和规则的施工、改造、技术改造、自然资源利用及其他活动;

——禁止或暂停企业、团体、法人和组织、车间、场地、设施等(无论其所有权形式如何)的利用自然资源活动,限制排放以及其他对环境有实际影响和其他影响的活动,如果这些活动严重违反环境保护设施和装置运行、自然资源保护和利用的标准、规范和规则;

——禁止生产、进口、使用导致环境污染或退化、损害人类健康的产品、物质和材料；

——暂停或禁止排放量超过规定标准的车辆及其他移动装置和设施的运行；

——禁止进口、出口、放生、重新安置和驯化可能对共和国境内动植物栖息地造成损害的动植物；

——采取其他措施，执行本法和其他有关环境保护的法规。

（经吉尔吉斯共和国 2002 年 2 月 4 日第 22 号、2003 年 6 月 11 日第 101 号、2009 年 4 月 27 日第 131 号法律修订）

第 45 条　社会团体的权利

履行环境职能的社会团体和组织有权：

——制定和宣传其环保计划，保护公民的环境权益，发展环保文化，使公民积极自愿地参与环境保护；

——自费或募集资金，自愿参与、开展保护和改善环境、促进自然资源再生的活动；

——协助国家环境保护机关打击违反环境立法的行为；

——设立保护自然的公共基金，用于环保活动；

——及时、完整地获取环境污染、自然保护的信息；

——根据吉尔吉斯共和国立法，组织会议、集会、示威、征集签名，提出全民投票的建议，由公民讨论环境保护的法律草案；

——要求指定国家生态专家，并在报刊、广播和电视上介绍；

——征集公共生态鉴定；

——参加环境立法遵守情况的检查；

——要求被指控对环境造成损害的官员，免除其职务，并就违反环境立法对公民健康和财产造成的损害向法院提出赔偿要求。

社会团体和组织的环境保护活动依据其章程和现行立法进行。

（经吉尔吉斯共和国 2002 年 2 月 4 日第 22 号法律修订）

第 46 条 公民的环境保护权利和义务

公民有权：

——参与制定和实施保护环境、合理和综合利用自然资源的措施，包括立法进程；

——按规定的方式使用自然资源；

——建立公共自然保护协会；

——获取拟建生产设施有关环境状况和人口健康状况完整和可靠的资料；

——参与公共生态鉴定的征集活动；

——接受环保教育；

——向企业、组织、机构、官员和公民提出损害赔偿要求，要求赔偿因不利环境影响而对自然、健康和财产造成的损害。

公民有义务：

——爱护环境和自然资源；

——遵守环境立法的要求，遵守国家环境保护主管部门的指示；

——在生产商品、其他产品时，确保其生态安全和对公众健康无害；

——赔偿对环境造成的损害。

公民(及其协会)无权传播可能导致负面政治、经济和社会后果的虚假(未经核实的)环境信息。

第 47 条 自然资源使用者的权利和义务

自然资源使用者有权：

——将自然资源用于指定目的；

——按规定利用自然资源满足其他需要，确保实现主要目标；

——在不损害环境的情况下利用资源的其他自然属性；

——在法律规定的情况下转让自然资源作二次利用；

——在法律规定的情况下对其他组织和公民实行各种限制；

——要求赔偿因合法和非法行为造成的损失；

——要求恢复被侵犯的权利。

自然资源使用者有义务：

——根据指定目的合理使用自然资源；

——对自然资源的次级使用者遵守法律的情况进行管控；

——不得侵犯自然资源其他使用者的合法权益；

——遵守有关使用、养护、恢复环境规定的要求和限制；

——在不损害环境的情况下，根据所有权、经营权或管理权，维护和使用其拥有的与自然资源有关的建筑物、构筑物和底土。

吉尔吉斯共和国立法可规定自然资源使用者的其他权利和义务。

第九章　环境保护的教育、培养、科学研究、信息

第 48 条　环境保护的教育和培养

为了获得必要的知识，改善社会的生态文化和专家的专业培训，从家庭和学前教育机构开始，提供环境保护的持续教育和培养。

国家环境保护机构、教育机构、其他国家机构和公共组织、媒体，应传播环境知识，树立人们对环境和自然资源的谨慎态度。

第 49 条　环境保护的科学研究

在科学合理的环境保护和自然管理领域，开展基础和应用研究工作，是优先事项。

科学保护环境，开展研究的目的是：

——发展国家环境政策的科学基础，循序渐进地建立低废弃物和无废弃物工艺流程和手段，确保工业、运输、农业和其他企业、设施运行时的生态安全；

——确保经济合理、资源节约的环境管理；

——建立环境状况、生产管理、设备无故障和安全运行的监测设施和系统；

——研究人类经济活动影响下的环境变化过程，确定环境允许的负荷；

——制定预防、减少和消除对环境有害影响的方法；

——恢复必要的环境质量；

——制订环境管理的技术规范和标准；

——研究环境对公共健康指标的影响，制定有效措施预防有害环境因素对

人体的不良影响；

——研究生物多样性及其保护措施。

（经吉尔吉斯共和国 2002 年 2 月 4 日第 22 号法律修订）

第 50 条 环保信息

每个公民或组织都有权根据本法规定获得国家机关掌握的有关环境的信息。基于此，每季度刊发一次环境公报。

掌握环境信息的部门、行政机构和其他机构有义务应公民和组织的要求提供信息。

有关环境的信息资料由国家机构应申请人的书面要求提供，费用不超过（影印、软盘等）编制的技术和人工成本。

申请的受理期限为 6 周。

如果提供环境信息会损害以下情况，行政机构可拒绝提供：

——国际关系；

——国家军事利益；

——企业商业机密；

——刑事案件的调查。

拒绝申请必须说明理由及正当事由。

第十章 环境违法责任、环境纠纷解决

第 51 条 环境违法责任

单位和个人对环境违法行为应根据本法和吉尔吉斯共和国的其他法律承担纪律、行政、刑事和民事责任。

追究纪律、行政或刑事责任并不能免除行为人对其造成环境损害的赔偿责任。

第 52 条 环境不当行为的纪律责任

企事业单位、组织的工作人员和其他违法人员，依照本法、章程、内部规章和其他规定，对其工作和职责范围内的违反环境保护和合理利用自然资源措施、违反环境质量标准和环境立法要求的行为，承担纪律责任。

企事业单位、组织的工作人员因违法行为造成环境损害赔偿的，对企事业单位、组织承担全部经济责任。

第 53 条　环境违法行为的行政责任和刑事责任

依照吉尔吉斯共和国法律，从事环境违法行为的工作人员和个人应承担行政责任和刑事责任。

追究行政责任并不免除行为人的赔偿责任。

第 54 条　对环境违法行为造成的损害的赔偿

法人和自然人，包括外国法人，因环境污染、损坏、毁坏，不合理利用自然资源以及破坏生态系统和其他环境违法行为，对公民、法人和国家的环境、健康和财产造成损害的，根据《吉尔吉斯共和国民法典》和吉尔吉斯共和国的其他法律有责任予以全额赔偿。

环境违法行为对环境造成的损害赔偿，依据规定的计算损害数额的费率和方法，自愿或经法院判决确定；如果没有费率和方法，则按照实际修复费用计算，并结合所造成的损失（包括利润损失）来确定。

通过法院判决收取的损害赔偿金应划入共和国和（或）地方预算。

单位和个人的活动对环境的不利影响对公民健康的损害应得到全额赔偿，赔偿应考虑受害者的残疾程度、医疗费、复健、护理、其他费用以及根据吉尔吉斯共和国法律规定的养恤金或福利确定。

对公民健康所受损害的赔偿，由法院根据受害者及近亲属、代理人、工会组织或检察官的请求判决作出。

对公民健康造成损害的赔偿金由致害的个人或其所代表的企业、机构、组织支付，如果致害人无法确定，则由有关预算垫付。

经济活动或其他活动的不利环境影响对公民、单位和国家财产造成的损害应由致害人全额赔偿。

单位和个人活动对环境的不利影响对公民财产损害赔偿金额的确定，应考虑与建筑物、住宅和生产设施、设备、财产、土地的毁坏和价值减少有关的实际损害，包括有关产品的利润损失。

有多人致害的，共同致害人应当依照现行法律承担连带责任。

在私有化过程中，1992 年以前造成的残余环境污染或损害，被认为是国家责任。除此之外，具体责任由单位或个人（污染设施的所有人）按照规定程序承担。

（经吉尔吉斯共和国 2018 年 5 月 26 日第 55 号法律修订）

第 55 条　单位对环境污染的责任

单位应根据现行法律对环境污染负责。

第 56 条　环境保护纠纷的解决程序

企业、机构、组织和公民之间的环境保护纠纷由地方行政部门和地方自治机构、国家环境保护机构按照吉尔吉斯共和国立法规定的方式解决。不属于上述职权范围的争议由吉尔吉斯共和国政府或法院解决。

环境保护的国家间纠纷按照国际法规则解决。

第十一章　环境保护的国际关系

第 57 条　环境保护的国际关系和国际合作原则

为保障今世后代全面的生态安全利益，吉尔吉斯共和国开展国际环境合作，并遵循以下原则：

——人人有权在良好的环境条件下生活；

——国家有权为发展的目的使用环境和自然资源，以满足公民的需要；

——不能以牺牲其他国家或不考虑其利益为代价来保障本国的环境福利；

——国家的活动不应损害环境；

——对促进自然环境方面的对外合作进行系统分析，坚持互利的基本原则；

——根据国际公认的标准和参数，对环境及其资源的状况和变化，制定相互监管的措施；

——关于环境问题的科学技术的国际交流，建立环境信息库，培训环境专家；

——各国在紧急环境情况下相互援助；

——和平解决环境保护领域的争议；

——将国际组织的活动与吉尔吉斯共和国的国家利益结合起来。

在建立国际关系时应考虑到：

——向国外出口自然资源的环境影响和经济损失的评估；

——在世界市场低价出售自然资源造成的商业损失；

——因供应未经加工或加工不良的自然资源而损失的收入；

——评估自然资源开采造成的环境损害；

——要求正在成立的合资企业采用无害环境和低废弃物技术；

——公共环境组织之间的合作；

——对外经济关系宣传。

第 58 条　环境保护的国际条约

如果吉尔吉斯共和国加入的国际条约的规则与吉尔吉斯共和国环境保护法律规则不同，则适用该国际条约的规则。

第十二章　附　　则

第 59 条　关于本法生效的程序

本法自公布之日起生效。

自本法生效之日起，下列文件失效：

——《吉尔吉斯共和国自然保护法》（《吉尔吉斯共和国议会公报》1991 年第 8 号文件，第 242 条）；

——《吉尔吉斯共和国议会关于“吉尔吉斯共和国自然保护法通过程序”的决议》（《吉尔吉斯共和国议会公报》1991 年第 8 号文件，第 243 条）。

吉尔吉斯共和国政府在三个月内根据该法制定其规范性法律文件。

如果吉尔吉斯共和国其他立法与本法不一致，适用与本法不相抵触的规范性法律。

吉尔吉斯共和国总统

阿斯卡尔·阿卡耶维奇·阿卡耶夫（A. S. Atambayev）

Chapter 7 第七章

地下资源法

第一节 法律概况

一、《吉尔吉斯共和国地下资源法》的沿革和内容

吉尔吉斯斯坦拥有丰富的矿产资源，其中煤炭和黄金储量最多，还有银、铜、铁、锌、稀土等其他矿产资源，南部地区还有石油资源。在苏联时期，吉尔吉斯苏维埃社会主义共和国的采矿业就曾是苏联经济的支柱产业。独立后，采矿业自然也成为吉尔吉斯共和国工业生产中的支柱产业，2017 年采矿业产值占 GDP 的 10%，提供着全国 10% 的就业岗位。[①] 到 2018 年，采矿业产值已经占到经济总量的 29.2%，占吉尔吉斯斯坦工业生产总值的一半以上。[②] 吉尔吉斯斯坦丰富的矿产资源吸引了来自国内外的采矿企业，中国是吉尔吉斯斯坦最大的投资者之一，在采矿业上中国对其也有着广泛参与和重要影响。近些年，中国企业在吉尔吉斯共和国采矿业的投资行为遭受冲击，纠纷不断，这源于投资者对于规范

---

① Kyrgyz Republic EITI Review, https://eiti.org/es/implementing_country/39.

② IGF Mining policy Frameuork Assessment Kyrgyzstan. No. 2018. p. 5. iisd.org/system/files/publications/kyrgyzstan-mining-policy-framework_assessment-en.pdf.

采矿活动的法律和政策不清楚、不了解。因此,本章主要介绍《吉尔吉斯共和国地下资源法》(以下简称《地下资源法》)。

吉尔吉斯斯坦最早在1992年就颁布了《地下资源法》,该法分别在1997年、2012年和2018年进行了全面修正。目前生效的《地下资源法》是在2018年5月19日颁布的,于2019年、2020年、2021年进行了修订。因此,《地下资源法》修订频繁,导致地下资源开采和利用的法律关系并不稳定,这也是该法被诟病的一点。现行的《地下资源法》共8章,56条。内容主要包括:(1)一般规定:地下资源法的适用范围和其他调整地下资源使用的法律和规范性法律文件与基本原则、地下资源所有权属及基本法律概念;(2)国家机构的职权:政府的职权、国家权力(授权)机关的职权、地方行政机关和地方自治机关的职权、负责生态和技术安全的国家机关的职权、国家地下资源储备、国家对矿床和露天矿的登记、国家的矿石储量平衡表、对地下资源的审定和登记、国家级的地下资源区块、国家地质信息和信息库、地质信息提供程序;(3)地下资源使用权授予程序:地下资源使用类型、使用权授权依据、地下资源使用者及其义务、地下资源使用权效力期限及延期程序、地下资源使用权的授权类型(招投标、拍卖、"先申请"原则)及程序、地下资源使用权的中止与终止及后果、个体采矿活动;(4)地下资源使用权许可:许可程序,许可证及许可协议,地质勘查许可证,地质勘探许可证,地下资源开采许可证,与地质研究和地下开采无关的许可证,许可证的兼容性,许可证的抵押和转让,许可证的变更、补充和转换,根据国家命令实施工程;(5)地下资源使用者和土地所有权人的关系:土地所有权、保障地下资源使用的透明度、地下资源地块的地役权;(6)地下资源使用的国家调整:地下资源使用中的生态、工业安全和资源保护的监督,地下水使用的规范、水井的国家统计、反垄断规定、具有特殊科学或文化价值的地块的保护、矿层区的建造、矿业资产的清算和封存、技术方案的专家审查、地下资源使用税;(7)争议解决与违反地下资源法的责任:争议解决程序、违法责任和损害赔偿;(8)附则和过渡条款。

二、《地下资源法》的特色

《地下资源法》有针对性地尝试解决境内地下资源开采的冲突和争议。吉尔吉斯斯坦境内采矿业一直以来因腐败、透明度低、生态影响等问题饱受争议，特别是采矿活动的生态影响引发当地居民和矿业公司之间的冲突和纠纷。近些年来，外资不断渗入吉尔吉斯共和国的采矿业，围绕采矿业的争议和冲突持续升级。例如，2019 年，中国中集集团在吉尔吉斯斯坦开展的“中吉矿业索尔通—萨雷金矿项目”受到当地居民非法冲击，导致中国矿工死伤事件。[①] 2020 年 10 月吉尔吉斯斯坦议会选举后，全国各地的外资金矿爆发了一系列骚乱，背后反映出的是矿业公司与当地居民在地下资源使用上的利益分配问题。

对此，《地下资源法》的第一重解决方法就是通过“干预市场”的方法矫正利益失衡。《地下资源法》第 30 条规定了“社会公益计划”，明确地下资源使用者应以当地人民的生活和发展利益为根本从事勘探开采活动，应与当地行政执行机关签署社会公益“一揽子”计划的协议，采矿企业所得收益应当用于推动当地经济社会发展（居民就业、员工培训、基础设施建设等）。事实上，该条建立的基础便是地下资源所有权属的明确，即《地下资源法》第 3 条明确吉尔吉斯共和国的地下资源属于国家所有，是吉尔吉斯斯坦人民生活和活动的基础。言下之意，任何企业的采矿活动都应考虑吉尔吉斯斯坦人民的生存和发展利益。但是，在实践中，矿业公司从政府手里获得地下资源使用许可后，“社会公益”就变得不重要了，[②]面对强势的矿业公司，当地居民的利益无法保障。虽然《地下资源法》还规定了为了保障“社会公益计划”的执行，地下资源使用者应当向当地执行机关提交“公益计划实施”的年度汇报。但在实践中，由于信息不公开，公众无从知晓采矿活动过程中的财政收入和公司收益，也就无法保障自身利益。

因此，《地下资源法》的第二重解决方法就是“提高透明度”。早在 2012 年，《地下资源法》就引入了《采掘业透明倡议》（EITI）的国际标准，旨在促进采矿业经营收入的透明度，强调通过核对矿业公司的缴费与政府收入来让公众知晓采矿

---

① 参见《吉尔吉斯斯坦部分居民非法冲闯中资矿区，中国使馆要求吉方严惩肇事者》，载环球网 2019 年 8 月 7 日，https://baijiahao. baidu. com/s?id = 1641171644920020220&wfr = spider&for = pc。

② Politics of the Kyrgyz mining sector: An Interview with Beril Ocaklı, Voices on Central Asia https://voicesoncentralasia. org/politics-of-the-kyrgyz-mining-sector-an-interview-with-beril-ocakli/?__cf_chl_managed_tk__ = pmd_rMJFr31. yL63QgJuL4qz2V8XwisOAkQEoe_BQjlDS2w-1629365477-0-gqNtZGzNA5CjcnBszQoR.

活动的收入情况。2018 年修正的《地下资源法》增设了“保障地下资源使用的透明度”一条(第 41 条),明确了地下资源使用权申请和取得的信息公开的具体规则和程序,包括通过招投标、拍卖和先申请原则取得地下资源使用权的信息公开期限和信息内容,进一步强化了公众的信息准入,加强了对采矿活动的社会监督。

最后,吉尔吉斯斯坦境内的采矿业最大的争议源自采矿活动对居民生命健康和生态环境的有害影响。对此,《地下资源法》规定了“技术方案的专家审查程序”(第 50 条),即地下资源使用者在使用权申请时应当提交有关项目的技术方案是否符合工业安全、生态安全以及地下资源保护的独立审查,具体由授权的国家机关或独立专家进行鉴定,而且独立专家对其鉴定行为按照吉尔吉斯共和国刑法承担相应的责任。这项规则为防范地下资源使用带来的有害影响确立了程序保障,在一定程度上有助于过滤掉采矿活动对当地生态和居民安全以及资源保护带来的不利影响和威胁。

第二节　法 律 文 本

吉尔吉斯共和国法律

2018 年 5 月 19 日第 49 号

吉尔吉斯共和国地下资源法

(根据吉尔吉斯共和国 2019 年 7 月 8 日第 81 号、2020 年 3 月 23 日第 29 号、2021 年 6 月 26 日第 81 号、2021 年 8 月 5 日第 92 号法律修订)

第一章　一 般 规 定

第 1 条　本法的适用范围

1. 本法规定国家与自然人和法人在利用地下资源时产生的关系。

2. 吉尔吉斯共和国地下资源利用范围内的立法根据吉尔吉斯共和国宪法制定,由本法和依据本法正式通过的吉尔吉斯共和国规范性法律文件构成。

3. 本法规定地下资源利用范围内国家进行法律调整的程序,国家权力机关、地方国家行政管理机关和地方自治机关的职权,自然人和法人的权利和义务以及违反吉尔吉斯共和国法律的责任。

第 2 条 地下资源利用的其他法律和规范性法律文件的适用

1. 在地下资源利用中产生的与利用和保护土地、水体、动植物、大气有关的本法不予调整的关系,由吉尔吉斯共和国的相关法律调整。

2. 国家在地下资源利用的政策执行上遵守如下原则:

1)地下资源是国家的专有财产,受国家的特别保护;

2)不得因自然人身份或国籍有任何歧视;

3)努力为公民健康和生态安全创造条件;

4)建立吉尔吉斯共和国地下资源开发和管理中心;

5)保护并合理利用吉尔吉斯共和国的地下资源;

6)在互利合作的基础上,调整与地下资源利用相关的关系;

7)保证许可程序的透明度和公开性;

8)防止地下资源利用的垄断及限制竞争行为。

3. 产品分成和特许协议下地下资源利用的具体关系根据吉尔吉斯共和国相关法律调整。

第 3 条 地下资源所有权

地下资源是吉尔吉斯共和国的专有财产,是吉尔吉斯斯坦人民生活和活动的基础,受国家的特别保护。

第 4 条 本法使用的术语

本法使用下列术语:

1)受益人——自然人、地下资源使用者和/或作为最终所有人的国家,通过以下方式获得地下资源使用权:

a)直接和/或间接持有 10% 或以上股份或法定资本份额;

b)直接和/或间接拥有最高管理机构 10% 或以上的表决权;

c)直接和/或间接任命和/或撤销管理机构成员;

2)地下资源税——根据吉尔吉斯共和国税法缴纳的地下资源利用权的税费;

3)复原矿床——在开发过程中自然恢复河床砂砾沉积物的矿床;

4)选择性采掘——违反技术方案从最高含量地下资源中选择采掘,从而降低地下资源中未开采储量的工业价值;

5)地下资源地质信息——在地质报告、地图、样品、测试报告及其他材料中,有关地质构造和岩石矿层、地下水、矿石和其他地质构成地质物理和地质化学层面构成、属性的及关于地下资源研究和利用方法与结果,以及地下资源开发记录、提炼天然原材料的地质、矿山技术、工艺、经济信息(资料);

6)地质信息资源——包含关于地下资源的地质和其他信息文件以及利用这些文件制作的信息产品;

7)地质用地——为了对地下资源进行地质研究而提供的并在图标文件中以直角各角点的坐标确定的地下资源地块;

8)地下资源地质勘查——开展地质勘查、地质勘探、地质区域测量、地质物理及其他形式的作业;

9)地质勘查作业——地质调研,包括地区性勘查、全面勘查和局部勘查以及勘查评估阶段的作业,旨在发现露天矿体和矿床并对其预测储量和进行地质勘探的合理性进行评估的工作;

10)地质勘探作业——地质调研,包括矿床的先期和局部勘探阶段,其中包括地下水和温泉,目的在于研究确定矿石的数量和质量、开采的技术工艺属性,准备矿山技术、地质水力和储量计算的其他开采条件;

11)矿山财产——在土地、矿山或保障矿产资源利用的地质专用地范围内,矿产资源利用人建造或购买的不动产;

12)矿山用地——其深度由相应矿石所及深度确定的,提供用以开采矿石并在图表中以各角点的直角三维图标确定的地下资源区块以及提供用以安置与开采矿石无关客体的地下资源区块;

13)矿床群——由一个共同特征结合在一起的矿物类型。就本法而言,矿床群分类如下:

a)第1组——石油和天然气;

b)第2组——淡水和矿物质地下水;

c)第3组——其他矿物;

14)井产量——是指每个单位时间在一口井可开采的最大矿物产量;

15)平衡表外储量——在吉尔吉斯共和国国家地下资源储量平衡表中记录为经济上不适宜或不可能开发的地下资源储量;

16)地下资源利用用地——根据本法规定的地下资源使用权许可证、特许权协议、产品分成协议和向国家登记的供地下资源使用者作为矿产资源开发以及基础设施建设(道路、仓库、尾矿堆放场、输电线路、转移场所和其他专用于地下资源使用的基础设施)的地块,并在图表文件中以直角坐标形式标注各角点确定的地表区块;

17)卫生防护区——供水和供水设施周围的区域建立特殊制度,排除或限制污染或被污染可能性的区块;

18)基础设施——构成和提供地下资源使用活动的相互关联的结构和/或设施的综合体;

19)《采掘业透明倡议》(EITI)——一项有助于确保采掘业活动收入透明度的全球标准,用于核对公司缴纳的费用和吉尔吉斯共和国政府的收入,并定期向公众提供相关信息;

20)暂停作业——暂时停止地质勘查、地质勘探和/或矿床采掘和/或与建设和运营矿山财产有关的其他作业,并保留继续实施所终止作业的可能性;

21)采矿财产的清算——在终止地下资源利用和排除继续利用该财产的可能性时采取的一系列措施,保障居民生命和健康的安全以及保护地下资源和周围环境;

22)被许可人——持有地下资源使用权许可证并按照吉尔吉斯共和国法律登记注册的自然人或法人;

23)许可证区域——与已签发地下资源使用权许可证区块相对应,并在图形文件中以直角坐标形式标注各角点确定的地表区块;许可证区域的大小以平方公里或公顷确定;

24）许可证签发机关（许可人）——地下资源使用权力机关；

25）许可证协议——许可证的组成部分，确定地下资源使用的条件；

26）地下资源使用权许可证——许可证签发机关依照本法签发的赋予地下资源使用权的文件；

27）矿床——包含有价值矿石，经评估其开发有利于工业发展的地下资源地块；

28）地下资源——处于土壤层之下的地球的一部分，在无土壤层时是指在地表、水塘和水流水底之下直至为进行地质研究和开发所能够达到的部分，包括冲积形成的矿石矿脉；

29）独立审查——按照法律规定的程序认证的独立专家对相关工作的技术项目进行的审查；

30）许可证编号——按照吉尔吉斯共和国规范性法律文件规定的程序获得的单独编号；

31）地下资源的保护——吉尔吉斯共和国相关法律规定的保障合理利用地下资源的综合措施；

32）地质信息包——地下资源使用的国家权力机关制作的关于特定地下资源区域的书面或电子信息载体，包括现有的地质、采矿、技术和其他信息；

33）地质研究材料——作为钻井岩心、石油、水、天然气管道、石材样品、各种用途的标本、试验备份、薄片等自然载体上的信息（物质信息）；在人工载体上（纸张、磁盘等）的信息包括野外观测簿和文件（包括数字文件在内）、试验登记簿、试验分析结果、地球物理观测记录和其他类似材料；

34）许可证保留费——许可证持有者根据本法和吉尔吉斯共和国关于非税收入的法律，为保留地下资源使用权许可证而支付的费用；

35）矿石——由地下资源中包含的自然矿物构成（包括碳氢化合物和地下水），其化学成分和物理属性可用于物品生产和消费（自然状态或加工后）；

36）地下资源使用——地下资源特定区块的使用，包括从技术矿床中提取矿石的作业；

37）地下资源使用者——享有地下资源使用权的自然人或法人；

38)地下资源使用权终止——根据国家机关的决定撤销地下资源利用的许可证,以及终止特许权协议或产品分成协议;

39)地下资源使用权中止——国家机关临时中止地下资源利用的决定,为保管矿山器材并使其免于发生事故危及人与周围环境安全的情形除外;

40)露天矿——未按规定程序认定为矿床的矿石在地下资源(包括地下水)中的自然积聚;

41)矿石采掘——在矿床包括技术矿床中采掘矿石并进行加工(包括地下水的选择)的作业;

42)复垦——旨在恢复被破坏土地的生产和国家经济的综合措施;

43)地下资源利用税——根据吉尔吉斯共和国税法缴纳的地下资源使用税;

44)地役权——到达专用土地、矿山和(或)地质专用地的权利和(或)对其的限制;

45)矿井——从地表或地下钻出的直径远小于矿井深度的圆形截面的采矿巷道;

46)伴生矿物和组分——在主要矿物原料的加工过程中,与主要矿物一起提取的具有经济和技术可行性的矿物和组分;

47)社会公益——地下资源使用者与地方自治机关之间,依据地方社会经济发展计划自愿签订的协助该地区社会经济发展的协议;

48)可行性研究——对矿床开采进行经济、技术合理性的核算与评估;

49)技术方案——对矿床包括技术矿床进行地质研究和/或工业开发所必需的详细(工作用)分析和绘图文件,包括地质、矿山、技术工艺(矿山方案的选矿和/或冶金)、财务经济部分以及区块复耕;

50)技术矿床——采矿、加工和冶金工业的废料堆积而成的矿物层,含有有用成分的岩体;

51)地下资源区块——地下资源具有空间边界的地理部分;

52)不可抗力——阻碍地下资源利用条件之满足并使之复杂化的无法克服的情形。不可抗力是指因自然灾害,诸如地震、洪水或封锁、战争、罢工,以及不能预见或不能预防或虽能预见但无法消除的其他情况而出现了的紧急的和不可消除的情况。上述情形由众所周知的事实、媒体报道和其他无须特别证明的方式予以确定；

53）经济（平衡）储量——吉尔吉斯共和国国家地下资源储量平衡表中所列的经济上可供开发的矿产储量。

（根据吉尔吉斯共和国2020年3月23日第29号、2021年6月26日第81号法律修订）

第二章　国家机构的职权

第5条　吉尔吉斯共和国政府的职权

1. 吉尔吉斯共和国政府有权：

1）处分和管理国家地下资源储备；

2）保障实施和完善地下资源领域的国家政策和立法；

3）确定旨在满足国家战略的矿型物原料、需求的地块和矿床；

4）为保障国家安全、居民安全和环境保护对矿产资源利用设定限制和禁止；

5）批准具有战略意义的矿产资源、矿床区块目录；

6）批准应进行招投标的国家级地下资源目录；

7）批准《吉尔吉斯共和国关于国家矿石储量委员会的条例》（GKZ）；

8）批准地下资源利用领域技术细则；

9）批准地下资源使用权招标委员会（以下简称招标委员会）成员的名单及条例；

10）行使依照本法和吉尔吉斯共和国地下资源利用领域其他法律的其他职权；

11）遵守国际EITI标准。

2. 吉尔吉斯共和国地下资源使用领域的职权由授权国家机关行使。

第6条　地下资源使用的国家权力机关的职权

地下资源使用的国家权力机关有权：

1）制定有关地下资源使用的国家政策，并提交给吉尔吉斯共和国政府批准；

2）制定有关地下资源使用的规范性法律文件；

3）拟定并提请吉尔吉斯共和国政府审议完善地下资源使用领域的税法议案；

4）为吸引外资进行地下资源研究和开采矿石而与国家授权机关共同拟定地下资源利用投资政策；

5）加入招投标委员会和拍卖委员会；

6）贯彻实施有关地下资源使用的国家政策；

7）组织实施国家地下资源储备区块、地块使用权出让制度；

8）吸引投资进行地下资源地质勘查和矿床开发；

9）规范地下资源的地质研究；

10）管理吉尔吉斯共和国国家矿石储量平衡表；

11）管理吉尔吉斯共和国矿床和露天矿的国家登记册（以下简称登记册）；

12）组织管理国家地质信息库；

13）从事吉尔吉斯共和国国家矿石储量委员会的组织工作；

14）在本法规定的情况下，对地下资源使用权进行国家登记；

15）在网站上公布有效地下资源使用权许可证的数据、许可面积的坐标、许可证协议和受益人的信息；

16）对矿山和地质项目进行鉴定；

17）代表吉尔吉斯共和国政府参加地下资源利用事项争议的诉讼；

18）拟定地下资源使用的技术细则和规章；

19）行使本法和吉尔吉斯共和国立法所规定的其他权力。

第7条 地方行政机关和地方自治机关的职权

地方行政机关和地方自治机关有权：

1）在本法和吉尔吉斯共和国土地法规定的情况下，按照许可确定的期限提供专用地和区块的临时使用权；

2）在吉尔吉斯共和国立法规定的取水设施专用土地界限内建立卫生保护区；

3)确保被许可人无阻碍地进入许可区域;

4)禁止私自开采矿产;

5)参与清算和保护用于采矿或地质勘察的矿床和其他财产,以及地块的复垦工作;

6)参与行政区域界限内的地下资源区块招投标和拍卖委员会的工作;

7)组织实施地下资源使用项目的公众环境损害鉴定;

8)为防范非法干涉地下资源使用者的活动,与当地居民开展相关工作;

9)为居住在国家重要地下资源目标所在行政区域内的当地居民提供社会公益及执行情况的年度报告;社会公益及其执行情况的年度报告,从签署和/或收到之日起,应保存于地方政府和地方行政机关;

10)对从事采矿活动的个体采掘者进行国家登记;

11)根据本法和吉尔吉斯共和国立法行使地下资源使用的其他权力。

第8条　生态和技术安全的国家权力机关的职权

生态和技术安全的国家权力机关有权:

1)对地下资源使用者合理使用和保护资源实行监管;

2)对保障地质和专用土地界限内的生态和工业安全进行国家监督;

3)在地下资源研究和工业开发时对遵守自然保护立法和工业安全实行国家监督;

4)对清算和保护用于地下资源的矿床开发或地质研究以及地块开垦的矿石器材和其他器材进行监管。

第9条　国家地下资源储备

1. 吉尔吉斯共和国境内的全部地下资源构成地下资源国家储备。

2. 国家地下资源储备包括:

1)根据吉尔吉斯共和国地下资源立法规定的程序提供使用的地下资源区块(已分配的地下资源储备);

2)未按照吉尔吉斯共和国地下资源立法规定的程序提供使用的地下资源储备(未分配的地下资源储备)。

第 10 条 吉尔吉斯共和国矿床和露天矿的国家登记

1. 编制登记册的目的在于对矿床和露天矿进行国家登记,这也是建立国家地下资源储备的基础。

2. 登记册包含每个矿床和露天矿的基本信息。

3. 登记册由国家授权的地下资源使用机构根据地质信息资料编制和管理。

第 11 条 吉尔吉斯共和国国家矿石储量平衡表

1. 吉尔吉斯共和国国家矿石储量平衡表包含已知矿床矿石的数量、质量和等级,工业开发的布局和程度,现有企业已探明矿石储量的开采和保障性信息。

2. 对于失去工业价值、在开采过程中丧失或在后续地质勘探作业或矿床采掘中未得到确认的矿石储量,由地下资源使用的国家权力机关在后续变更和补充吉尔吉斯共和国国家矿石储量平衡表时予以核销。矿石核销的程序由吉尔吉斯共和国政府批准。

3. 在地方行政机关进行国家登记而授予的地下资源开采权,不受会计核算的约束。

第 12 条 矿石储量和地下资源的国家审定和登记

1. 矿床中的矿石储量和预测矿石资源应根据吉尔吉斯共和国国家矿石储量委员会的审定,在吉尔吉斯共和国国家矿石资源储量平衡表中予以统计。

2. 国家矿石资源储量平衡表由吉尔吉斯共和国国家矿石储量委员会实施,该委员会由吉尔吉斯共和国政府从有资质的专家中挑选组建,并根据吉尔吉斯共和国政府批准的《吉尔吉斯共和国关于国家矿石储量委员会的条例》开展相关活动。

3. 矿石储量的统计程序,由地下资源使用的国家权力机关予以规定。

第 13 条 国家级地下资源区块

1. 为了确保国家的经济利益和安全,某些地下资源区块可被称为国家级地下资源区块。

2. 吉尔吉斯共和国政府根据地下资源使用的国家权力机关的建议,确定并批准国家级地下资源区块登记册。

登记册必须包含国家级地下资源区块的角点坐标。

3. 国家级地下资源区块登记册还需包括已授予地下资源使用权的对象。

第 14 条　地下资源地质信息

1. 地下资源地质信息是吉尔吉斯共和国的财产。

2. 有关地下资源的地质信息,可由地下资源使用的国家权力机关按照吉尔吉斯共和国立法规定的程序,在地下资源使用期间向使用者和其他有关方面提供。

3. 经营者、企业和组织(包括合资和外国出资人)因出资而获得的地下资源信息在许可证协议确定的期限内为上述出资人所有,在期限届满之后无偿转归国家所有。

4. 所有之前从国家获得并可能保存国家地下资源地质信息以及违法获得信息的人,无论其是否为地下资源利用人,必须根据授权实施国家地下资源利用政策的国家机关提出的要求第一时间将该信息移交为国家所有。

5. 不移交或回避将地下资源信息移交给国家或提供不真实的地下资源信息,并对此存在过错的人员应依照吉尔吉斯共和国法律承担责任。

第 15 条　国家地质信息库

1. 国家地质信息库包括有关地下资源的地质信息,档案、石头和岩芯材料、古生物遗骸、薄片、光片标本、博物馆藏品,以及在纸质和电子媒体上的专门文献藏书。

2. 国家地质信息库是所有地下资源利用人按照吉尔吉斯共和国内阁部长规定的方式无偿移交的地质储量信息的综合。

3. 地下资源使用的国家权力机关必须建立和保存完整的电子和纸质地质信息文本资源,不得遗失,并保障未经核准不得查阅。授权实施国家地下资源利用政策的国家机关公职人员负责保存地质信息资源。

4. 地下资源使用者有义务每年向国家地质信息库提交纸质和电子的地质报告,包括吉尔吉斯共和国内阁规定格式的地理坐标参照的采样数据库。

5. 国家地质信息库不得私有化。只有最终报告包含有关许可设施研究的综合信息,才能允许取消临时(年度)地质报告。

6. 第三人利用为地下资源利用人所有并由其提供给国家地质信息库的地质信息,其条件应经地下资源使用的国家权力机关同意。如果未约定第三人使用地质信息的特殊条件,则第三人有权根据共享原则查阅地质信息。

7. 地下资源使用的国家权力机关必须保障地下资源使用者所提供的地质信息的保密性。在保密期限届满之前,地下资源使用者提供给国家地质信息库的地质信息,地下资源使用的国家权力机关为以下目的享有使用地质信息的专属权:

1)对吉尔吉斯共和国矿产储量进行登记和对国家平衡表进行管理;

2)有关地下资源的建设和发展、其发布的规律性的地质信息资源的编制以及其他对地下资源必须进行国家地质研究的信息编制。

8. 地下资源使用的国家权力机关利用地下资源使用者的地质信息所建立的地质信息资源为国家所有。

第 16 条 提供地质信息资料的程序

1. 地质信息资料可以有偿查阅。

2. 查阅地质信息资料分为下列两种情形:

1)查阅——地质信息研究,不将信息载体带出国家地质信息存放地并复制;

2)利用——允许复制电子或纸质地质信息材料,但属于运营中的地下资源使用者的地质信息除外。

3. 地质信息资料查阅和使用的程序、收费金额以及缴纳和支付的程序,由吉尔吉斯共和国政府规定。

4. 高等、中等专科院校的大学生和研究生,有权查阅国家地质信息库的地质信息资料,并在吉尔吉斯共和国政府规定的范围内免交地质信息资料使用费。

5. 地质信息资源的使用费直接用于国家地质信息库的开发和地下资源资料的补充。

6. 地质信息资料的原件只允许在国家地质信息库所在地使用,使用时须遵照吉尔吉斯共和国政府制定的程序。

7. 查阅构成国家机密的地质信息资料,应当遵守吉尔吉斯共和国立法规定的程序。

第三章　地下资源使用权授予程序

第17条　地下资源使用类型

地下资源的使用包括：

1)绘制地质图和地区地球物理及其他科学研究；

2)地质勘查作业；

3)地质勘探作业；

4)矿床开采，包括选矿和地下水利用；

5)与矿石开采无关的地下设施建设和运营(石油、天然气和其他物品和材料存放，有害物体掩埋，地热利用及其他需求)；

6)需要特别保护的具有科学、文化、历史、审美、保健等意义的地质客体构成(科学和教学试验场、地质保护区、岩洞和其他地下洞穴)。

第18条　授予地下资源使用权的依据

1. 地下资源使用权产生的依据包括：

1)许可证；

2)国家登记；

3)特许权协议；

4)产品分成协议。

2. 下列项目须经国家登记：

1)根据批准的方案对地下资源进行科学研究；

2)个体采掘活动；

3)在不属于招投标和拍卖的区块上为建筑目的开采沙砾和壤土的权利。

3. 根据批准研究地下资源方案的科学研究作业的国家登记，由地下资源使用的国家权力机关负责。

4. 在不属于招投标和拍卖的区块，个体采掘活动的国家登记和为建筑目的开采沙砾和壤土的国家登记，由地方行政机关负责。

5. 开采沙砾和壤土时，如果采石场的深度不超过地表浮凸的两米，可在没有技术方案的情况下进行。

在采石场深度超过两米的情况下,开采沙砾和壤土根据在工业安全和生态安全获得肯定鉴定意见的技术方案进行。

6. 开采沙砾和壤土的国家登记,由地方行政机关按照吉尔吉斯共和国内阁规定的程序进行。

(根据吉尔吉斯共和国2019年7月8日第81号法律修订)

(根据吉尔吉斯共和国2019年7月8日第81号法律对第18条的国语表述进行修订)

第19条 地下资源使用者

1. 地下资源使用者可以是自然人和依照吉尔吉斯共和国立法设立的法人,也可以是依照吉尔吉斯共和国立法进行国家登记的外国自然人和法人。

2. 不得因国籍或登记国家不同而歧视地下资源使用者。

3. 外国法人有权通过参加招投标、拍卖,或依据“先申请”原则获得地下资源使用权。

4. 如果外国法人通过前述方式取得地下资源使用权,应在吉尔吉斯共和国设立全资子公司,并以该公司名义取得地下资源使用权许可证。

5. 如果特许权协议或产品分成协议根据投标结果订立,则适用本条第4款规则,但相关立法规定的例外情况除外。

第20条 地下资源使用者的义务

地下资源使用者有义务确保:

1)遵守吉尔吉斯共和国有关地下资源研究、使用和保护的规范性法律文件的要求;

2)按照可行性研究或技术项目规定的方案,从矿床的内部最完整区域开采伴生矿物和组分;

3)在矿床开发过程中,对矿床的主要矿石及其伴生组分的可采量、加工量和剩余储量进行统计;

4)保护矿床免受洪水和火灾及其他降低矿床质量和工业价值或使矿床开发复杂化因素的影响;

5)防范在与地下资源使用相关的工作期间,以及在地下储存石油、天然气或其他物质和材料、有害物质和废料的处置、废水排放期间对地下资源的污染；

6）矿石开采企业以及与矿石开采无关的地下建筑物的养护和清理遵照规定的程序；

7）禁止未经许可开发矿藏区，或未规定程序将这些区域用于其他目的；

8）防范工业和生活废物在饮用水或工业供水的集水区和地下水埋藏区积聚；

9）防范矿石的过量损失、选择性开发和矿床储量的破坏；

10）每年向地下资源使用的国家权力机关提交关于地质研究与已勘探、可开采和留在地下资源储量中的矿物及其所含组分的报告，以及关于将地下资源用于与开采矿石无关目的的报告；

11）遵守地下资源使用相关作业的安全条例；

12）依照法律规定的程序实施复垦措施；

13）根据 EITI 标准以吉尔吉斯共和国政府批准的程序，每年向地下资源使用的国家权力机关提交地下资源使用报告；

14）取水口的登记；

15）生产经营者保护地下水免于枯竭，取水口周围环境免受污染；

16）通过采用节水技术、工业用水循环利用、限制自流井流量的设施，合理利用地下水；

17）在上一年度结束后 30 日内，向相应行政区域的执行机关提交关于国家级地下资源的社会公益执行情况的年度报告，并按照本法要求在提交年度报告阶段向地下资源使用的国家权力机关提交年度报告；

18）按照吉尔吉斯共和国内阁规定的程序提供受益人信息。

本条规定适用于根据吉尔吉斯共和国内阁规定的限制条件进行国家登记的地下资源使用。

第 21 条 地下资源使用权的效力期限及其延长程序

1. 地下资源使用权规定以下期限：

1）地质勘查作业——有效期不超过 3 年，依照技术方案最长可延长 2 年；

2）地质勘探——有效期不超过 4 年，依照技术方案最长可延长 3 年；

3）矿产资源开采——有效期不超过20年，在矿石采掘完毕之前可以延长；

4）地下水选用——有效期不超过10年，可适当延长；

5）与地下资源地质研究和矿产资源开采无关的客体使用权——有效期为技术方案规定的期限，并按照修订的技术方案予以延长。

2. 根据国家登记授予的地下资源使用权的效力期限，由科学研究工作规划执行的期限确定。

3. 特许权协议和产品分成协议规定的地下资源使用权的效力期限由相关立法确定。

4. 应被许可人的要求，可延长地下资源用于开发的许可证期限，条件是：

1）在许可证期满前提出申请；

2）（根据吉尔吉斯共和国2019年7月8日第81号法律失效）

3）提交一份从当年年初到许可证期限届至的工作报告。

5. 根据被许可人的要求，可对地下资源用于取样和地下水使用的许可证续期，条件是：

1）在许可证期满前提出申请；

2）具有地下水水文地质状况的积极结论；

3）提交一份从当年年初到许可证期限届至的工作报告；

4）私人所有的水井，申请人取用地下水需征得水井所有者同意。

6. 延长地下资源使用权许可证有效期的申请自提交之日起30个工作日内受理。

7. 如果被许可人已在规定的期限内提交了地下资源使用权许可证的延期申请，即使有效期已满，许可证仍然有效，直至地下资源使用的国家授权机关对许可证的延期申请作出决定。

（根据吉尔吉斯共和国2019年7月8日第81号法律修订）

第22条　地下资源使用权的授予程序

1. 地下资源使用权可以通过以下方式授予：

1）招投标；

2）拍卖；

3）依据“先申请”原则；

4）由吉尔吉斯共和国内阁决定的方式。

2. 根据吉尔吉斯共和国政府的决议，国家级地下资源区块应当进行招投标。

3. 对列入相关登记册的地下资源区块进行拍卖。

地下资源拍卖地的登记册由地下资源使用的国家授权机关按照吉尔吉斯共和国内阁制定的标准编制和批准。

登记册必须包含拍卖对象的角点坐标。

如果地下资源区块的拍卖连续两次被宣布无效，则拍卖至少暂停一年。

4. 根据“先申请”原则，地下资源使用权授予：

1）地下资源区块，但以招投标、拍卖方式授予的除外；

2）与地下资源地质研究和矿床开发无关的地下资源区块。

5. 如果重复拍卖被宣布无效，则拍卖至少暂停一年。

6. 根据特许权协议和产品分成协议授予地下资源使用权的程序，由吉尔吉斯共和国专门的法律规定。

7. 如果在界河河岸和其他水域的河床或河岸上使用地下资源，则不得授予使用权。

8.（根据吉尔吉斯共和国 2021 年 8 月 5 日第 92 号法律失效）

（经吉尔吉斯共和国 2021 年 8 月 5 日第 92 号法律修订）

第 23 条　招投标程序

1. 每个国家级地下资源区块均由吉尔吉斯共和国政府通过决议予以公布和举行招投标。

2. 为举行招投标，吉尔吉斯共和国政府组建招投标委员会，其成员不少于 7 人。委员会的主席由吉尔吉斯共和国政府任命，没有表决权的委员会秘书由地下资源使用的国家授权机关任命。委员会包括：

1）吉尔吉斯共和国议会的议会党团代表。每个党团确定一名代表；

2）吉尔吉斯共和国政府确定的国家执行机关和国家机关的代表；

3）地下资源使用对象所在的地方自治机关代表和执行机关的负责人或其行政区的代表。

3. 委员会根据吉尔吉斯共和国政府批准的决议确认招投标条件和程序、确定中标人的标准。

4. 在招投标条件中,必须包含以下各项:

1)申请招投标的程序和期限,申请期限不得少于自公告发布后60日。

2)参加招投标所需的文件清单。

3)参加招投标的准入条件。

4)地下资源使用权的最低价格。

5)参加招投标的费用和担保费数额。

6)地下资源地质信息的费用。

7)地下资源使用权的特殊条件,包括:

a)基础设施建设的截止时间,矿石开采和加工的起始时间;

b)吸引国内外专家和工人开采矿石的比例限制;

c)复垦土地的承诺;

d)对目标资源所在地社区社会经济发展的最低投资(社会公益);

e)确保工业和生态安全、保护和合理使用地下资源的一系列措施;

f)中标者支付地下资源使用权费用的截止日期;

g)对不遵守地下资源使用的特殊条件的处罚;

h)招投标委员会认为必要的其他条件。

8)决定中标者的程序。

5. 招投标委员会的工作机关为地下资源使用的国家权力机关,其负责以下事项:

1)编制简要的地质信息;

2)在国际和国家大众媒体上发布公告,并将公告放在地下资源使用的国家权力机关的网站上;

3)接收和登记投标申请;

4)如果按照招投标条件没有规定需要签订特许权协议或产品分成协议,则需根据委员会纪要向中标人签发地下资源使用权许可证。

6. 如果没有任何一个投标申请符合招投标条件,或没有人提出申请,或仅收到一份申请,则认定为流标。

7. 如果经再次招投标均未有中标人,吉尔吉斯共和国内阁可决定暂停该区块的招投标。

8. 投标人参与招投标所支出的费用自行承担。

第 24 条　拍卖程序

1. 地下资源使用的国家权力机关根据吉尔吉斯共和国内阁批准的规定组织拍卖。

拍卖委员会应由地下资源使用的国家权力机关、相关部委、地下资源客体所在地方行政机关或地方自治组织的代表组成。委员会的组成(至少 5 人)由地下资源使用的国家权力机关的命令予以批准。

委员会主席和秘书由地下资源使用的国家权力机关任命。

委员会秘书在委员会作决定时不享有表决权,仅负责筹备和召开委员会会议,制作委员会会议纪要,并在委员会表决时统计票数。

2. 在举办拍卖会之日的 45 日前应当在媒体上发布举办拍卖会的信息,并在地下资源使用的国家权力机关网站上发布。

3. 拍卖会应公开举办。

4. 拍卖的起拍价不得低于地下资源利用税和地质信息的成本。

拍卖的每一块地下资源区块必要的地质信息由地下资源使用的国家权力机关确定。

5. 拍卖会出价最高者胜出,获得地下资源使用权。

6. 拍卖会胜出者的地下资源利用权,根据拍卖委员会的纪要授予。

7. 参加拍卖会所支出的费用自行承担。

第 25 条　根据"先申请"原则授予地下资源使用权的程序

1. 根据"先申请"原则授予地下资源使用权,由地下资源使用的国家授权机关实施。

2. 为了根据"先申请"原则获得地下资源使用权,申请人需向地下资源使用的国家授权机关提交申请。

3. (根据吉尔吉斯共和国 2021 年 8 月 5 日第 92 号法律失效)

4. 根据"先申请"原则准予地下资源使用的程序由吉尔吉斯共和国内阁确定。

(经吉尔吉斯共和国 2021 年 8 月 5 日第 92 号法律修订)

第25条[1] 根据吉尔吉斯共和国内阁决定的程序授予地下资源使用权

1. 根据吉尔吉斯共和国内阁部长的决定，可以授予国有独资企业或国有全资企业地下资源使用权。

吉尔吉斯共和国内阁通过的授予地下资源使用权决定，无须通过招标或拍卖程序。

2. 吉尔吉斯共和国内阁决定依据该条授予地下资源使用权的程序。

（由吉尔吉斯共和国2021年8月5日第92号法律修订）

第26条 地下资源使用权的中止和终止

1. 在以下情形下，地下资源使用的国家权力机关可以中止地下资源使用权，并说明中止的原因，其期限不超过3个月，同时要求被许可方整改：

1）违反吉尔吉斯共和国相应立法规定的地下资源保护、生态和工业安全要求，对在地下资源使用相关工程影响区工作或生活的人的生命或健康造成直接威胁；

2）未在吉尔吉斯共和国立法规定的期限内提交关于地质、采矿作业情况的报告和关于矿物储备转移情况的报告；

3）提交的有关地质、采矿作业情况的报告以及矿物储量转移情况的报告含有不准确信息；

4）不遵守为地块复垦积累资金的要求；

5）违反支付地下资源利用税和/或许可证缴费的条款；

6）未在规定的期限内通知地下资源使用的国家权力机关关于被许可人的参与人（法人）发生的变更，且此类变更需要根据吉尔吉斯共和国税法支付地下资源利用税。

如果被许可人未履行或未适当履行社会公益条款规定的义务，地下资源使用的国家权力机关可暂停列入国家级地下资源区块登记册并取消通过招投标方式授予的地下资源使用权3个月。

2. 如果根据本条第1款第1项的规定，为了使矿山器材不发生事故并对人和周围环境保持安全状态，导致地下资源使用权中止的原因无法消除，地下资源使用的国家权力机关有权延长整改期限。延长申请最迟应在许可证中止期限届满前5日提交。

3. 终止地下资源使用权的情形：

1）地下资源使用者放弃地下资源使用权；

2）地下资源使用权许可证期限届满，被许可人未按时提交许可证延期或变更申请；

3）在未获得全部必要鉴定的技术方案和/或在未获得开展工作的许可协议情况下开展作业；

4）未及时整改导致地下资源使用权中止的原因；

5）在地下资源使用权中止期间，执行使用地下资源的作业；

6）地下资源使用者未能提供有关公司受益人的信息或所提供信息不准确。

4. 终止对列入国家级地下资源区块登记册的项目通过招投标授予地下资源使用权的其他理由：

1）未支付或者逾期支付招投标的地下资源使用权价款和招投标条款规定的罚款；

2）经一次延期后，仍逾期提交在工业安全、生态安全和地下资源保护上具有肯定鉴定意见的技术方案。

5. 地下资源使用权终止由国家权力机关决定。自关于授予地下资源使用权的决定无效的司法裁决生效之日起，地下资源使用权即视为终止。

6. 地下资源使用的国家权力机关中止或终止地下资源使用权的决定，自其作出之日起生效。地下资源使用的国家权力机关自作出该决定之日起的 10 个工作日内，将该决定寄给地下资源使用人，并附决定理由。对于地下资源使用的国家权力机关作出的决定，被许可人可以按照司法程序提起诉讼。

7. 在发生不可抗力的情况下，根据地下资源使用人的申请，地下资源使用权中止的效力及于不可抗力期间。自申请提交之日起的 10 个工作日内，地下资源使用的国家权力机关有权拒绝中止地下资源使用权，并说明拒绝的理由。不可抗力期间，许可证的效力期限和满足许可条件的期限应延长相应的时间。

第 27 条　地下资源使用权终止的后果

1. 地下资源使用权的终止并不免除地下资源使用者的下列义务：

1）土地复垦和清算采矿财产；

2）在将地下资源使用权移交给下一权利人之前，将采矿财产封存，并保持其对周围的人和环境不发生事故的安全状态；

3）向国家地质信息库移交地质信息和原始文件；

4）保护地下水免受污染和枯竭。

2. 采矿财产所有权转让，依照丧失地下资源利用权的前权利人与地下资源利用权新权利人之间签订的合同进行。

3. 如果自许可证签发之日起的 90 日内仍未达成采矿财产所有权转让协议，被许可人有权向采矿财产所在地的法院起诉丧失地下资源使用权的前权利人，要求依照技术方案应当利用的采矿财产转让协议，并确定丧失地下资源利用权的前权利人向被许可人支付赔偿金的数额。

4. 如果许可证持有人利用非其享有所有权的采矿财产，丧失地下资源使用权的采矿财产所有权人有权向法院提起诉讼。

5.（根据吉尔吉斯共和国 2021 年 6 月 26 日第 81 号法律失效）

（由吉尔吉斯共和国 2021 年 6 月 26 日第 81 号法律修订）

第 28 条 个体采矿活动

未经登记的散状分布矿石材料，可以依照吉尔吉斯共和国政府批准的条例，由个体采矿者利用简单方法自行开采。

第四章 地下资源使用权许可

第 29 条 地下资源使用权许可

1. 所有类型的地下资源使用权均须获得许可，但以下情况除外：

1）根据特许权协议使用地下资源的权利；

2）根据产品分成协议使用地下资源的权利；

3）国家登记。

2. 向使用者签发地下资源使用权许可证的数量不受限制。

3. 在获得地下资源使用权许可证后，被许可人必须支付按照吉尔吉斯共和国税法规定的程序确定的地下资源利用税和地下资源使用权许可证有效期第一年的许可证费用，并向地下资源使用的国家权力机关提交费用已支付的证明文件。

4. 地下资源使用权许可证签发后,许可证权利人应向地下资源使用的国家权力机关提交技术方案,并附工业、生态安全和地下资源保护方面的专家鉴定。

5. 国家级地下资源区块技术项目的提交期限由招投标条款规定。技术项目的提交期限可延长一次,但延长期限不得超过原期限。

6. 除本法规定的情形外,未取得必要的专家鉴定和许可协议,不得进行技术方案的工作。

地下资源使用许可的程序和条件,依照吉尔吉斯共和国内阁批准的条例进行。

(根据吉尔吉斯共和国 2020 年 3 月 23 日第 29 号法律修订)

第 30 条　社会公益计划

1. 社会公益计划由地下资源使用者与相应行政区域的执行机构以协议的形式,根据地下资源客体所在地区的社会经济发展计划缔结。

2. 拟订社会公益计划的义务仅适用于处于地下资源勘查和开发阶段的具有重要目标的国家级地下资源。同时,社会公益包括一项针对招投标对象所在地社区的社会和生活条件(培训、人口就业、基础设施建设和其他条件)的投资计划。

3. 社会公益计划在拟订技术方案阶段应向地下资源使用的国家权力机关提供。

社会公益计划的执行情况在年度报告阶段提供,内容应包含以下信息:执行的时间和进程、后果和上一年度发生的费用。

社会公益和年度报告自收到之日起 10 日内在地下资源使用的国家权力机关网站上公布。

第 31 条　地下资源使用权许可证的兼容性

1. 对于已签发地下资源地质勘查或地质勘探使用权许可证的地下资源区块,对于有效期内地下资源使用权许可证未规定的矿石种类和其他矿床系列,第三人无须许可证权利人同意,有权取得地下资源地质勘查或地质勘探使用权许可证。

2. 在许可证矿段内发现未申请的矿石种类,地下资源使用权许可证持有人有权向许可证规定的发现矿石种类的其他许可证权利人购买所发现的矿石信息。

第32条 地下资源使用权许可证及许可证协议的内容

1. 地下资源使用权许可证按照固定格式制作,明确标明发证机关名称,印有吉尔吉斯共和国国徽,并注明序号和许可信息。

2. 地下资源使用权许可证包含以下信息:

1)地下资源使用权许可证的字母编码;

2)地下资源使用类型;

3)被许可人的姓名和详细信息;

4)地下水井号(泉水名称);

5)矿产资源的类型;

6)许可地下资源所在行政区划;

7)地下资源使用权许可证的签发日期、延长日期和有效期限;

8)许可机关印章和负责人签字。

3. 作为地下资源使用权许可证不可分割部分的协议包含以下信息:

1)地下资源使用权许可证的字母编码;

2)许可协议签订的编号和日期;

3)许可人和被许可人的名称;

4)角点坐标和许可面积;

5)工程的指定目的;

6)地下资源的使用程序和条件;

7)地下资源使用权许可证抵押转让信息;

8)报告期限;

9)补充信息和条件;

10)许可机关印章和负责人签字;

11)当事人签字盖章。

4. 作为地下资源使用权许可证不可分割的部分,选矿和地下水使用权许可证协议还应包含以下信息：

1）钻井或泉眼的出水量、储量和种类；

2）地下水的类型；

3）钻井出水口或泉眼的位置；

4）地下水的利用目的；

5）地下水井（泉）周围受保护防疫区的范围；

6）约定的地下水取用量；

7）定期监测报告的期限。

第33条　地下资源使用地质勘查许可证

1. 地下资源使用勘查权许可证，在许可证授权范围内对所申请矿石种类授予地下资源地质勘查专属权。

2. 地质勘查工作的许可区域的最大面积不受限制。

3. 被许可人有权缩小许可界面面积。根据被许可人的申请，地下资源使用的国家授权机关收到有关在缩小界面内对受到破坏的土地已完成复垦工作的结果信息（报告）之后即可缩小界面。如果未能在拟减少的许可面积上开展工作，则应在地下资源使用者和土地权利所有人的参与下制定一项不侵犯土地完整性的协议。

4. 在缩小面积设计阶段，无须提交有关在缩小界面内对受到破坏的土地已完成复垦工作的结果信息（报告）。

5. 在提交地质勘查作业的最终报告后，被许可人有权将地下资源使用地质勘查权许可证转为地下资源使用地质勘探权许可证。

6. 以国家财政资金实施的地质勘查工程，无须缴纳矿产资源利用税和许可证费。

7. 下列矿石种类无须进行地质勘查工作：

1）砂砾石；

2）壤土；

3）半宝石；

4）地下水。

(根据吉尔吉斯共和国 2020 年 3 月 23 日第 29 号法律修订)

第 34 条 地下资源使用地质勘探许可证

1. 在许可证规定的范围内,地下资源使用勘探权许可证授予被许可人对所申报的各类矿产进行勘探的专属权力。

2. 被许可人有权缩小许可证界面面积。根据被许可人的申请,在地下资源使用的国家权力机关收到有关在缩小界面内对受到破坏的土地已完成复垦工作的结果信息(报告)之后即可缩小界面。如果未能在拟减少的许可面积上开展工作,则应在地下资源使用者和土地权利所有人的参与下制定一项不侵犯土地完整性的协议。

3. 在缩小面积设计阶段,无须提交有关在缩小界面内对受到破坏的土地已完成复垦工作的结果信息(报告)。

4. 根据吉尔吉斯共和国国家矿石储量平衡表统计矿产储量后,被许可人对所勘探矿床的地质勘探权转为地下资源使用权享有专属权。

5. 以国家财政资金实施的地质勘探工程,无须缴纳地下资源使用税和许可证费。

(根据吉尔吉斯共和国 2020 年 3 月 23 日第 29 号法律修订)

第 35 条 地下资源矿床开采使用权许可证

1. 地下资源矿床开采使用权许可证,授予被许可人以下事项的专属权:

1) 对不限深度的矿山用地范围内的地下资源进行地质研究;

2) 在采矿租约范围内开采矿石(技术矿床开发除外)的权利,包括进行必要的准备工作。

2. 根据吉尔吉斯共和国立法规定的程序,地下资源使用者自开采矿石之日起获得矿石所有权。该权利在地下资源使用权终止后仍然享有。

包含在技术矿床中的矿产资源是吉尔吉斯共和国的财产,吉尔吉斯共和国内阁享有优先购买权。

3. 签发矿床开采许可证,其许可客体的储量由吉尔吉斯共和国国家储备委员会和国家地下水统计局审定。

4. 在紧急情况下,为了实施加固工程以防止非常状况的发生,根据国家紧急情况部和交通运输部的请求，经地下资源使用的国家权力机关同意，允许在未获得地下资源使用权许可证的情况下采掘沙石材料，但需报告已开展工作的情况。

在这种情况下，不需要技术设计。天然泉口的许可证签发（其储量根据水源流速评估）须按照吉尔吉斯共和国政府内阁的程序在该国国家地下水登记处进行登记和注册。

5. 从吉尔吉斯共和国进出口含有贵金属和相关可回收金属的矿石、精矿和废料的程序由吉尔吉斯共和国内阁批准。

6. 允许在许可证中包含与主要矿石伴生的另一组矿石。

（由吉尔吉斯共和国 2021 年 6 月 26 日第 81 号法律修订）

第 36 条　根据国家命令实施的工程

1. 实施地质勘探和勘查工作的国家命令，由地下资源使用的国家权力机关作出，受公共资金支持。

2. 根据国家命令开展作业的组织与地下资源使用的国家权力机关达成书面协议，可以在未获得地下资源使用权许可证的情况下开展作业，但须尊重其他地下资源使用者的权利。

3. 根据国家命令使用地下资源，不收取保留地下资源使用权许可证的地下资源税和费用。

（根据吉尔吉斯共和国 2020 年 3 月 23 日第 29 号法律修订）

第 37 条　与地下资源地质研究和矿床开采无关的地下资源使用权许可证

1. 与地下资源地质研究和矿床开采（地下油气田、放射性物质储存器、地下仓库、设施等）无关的地下资源使用权许可证，依照技术方案在矿山用地范围内授予被许可人实施工程的权利。

2. 与地下资源地质研究和矿床开采无关的地下资源使用权许可证，无须缴纳许可证费。

（根据吉尔吉斯共和国 2020 年 3 月 23 日第 29 号法律修订）

第 38 条　地下资源使用权许可证的抵押和转让

1. 被许可人有权根据吉尔吉斯共和国抵押法的规定并根据抵押合同，将地下资源使用权抵押给第三方,具体规定详见本法。

2. 地下资源使用权的抵押合同,须在地下资源使用的国家权力机关进行登记。

未经登记,地下资源使用权抵押合同无效,其下的权利无效。

以抵押方式转让地下资源使用权,并不妨碍法律规定的地下资源使用权的暂停和终止。

3. 抵押合同项下的地下资源使用权可在其国家登记之日起6个月内征收执行税。

4. 因地下资源使用权丧失赎回权而将许可证转让给他人,应当重新颁发许可证。

5. 自实施工程的许可协议签订之日起满2年,被许可人有权将许可项下的权利转让给他人,并保证他们会遵守当前许可协议的条款。地下资源使用者在未拖欠地下资源税、特许权使用费和地下资源使用费的情况下可以转让许可证。

禁止以民法规定的一般继承条款,以继承的方式转让地下资源使用权。

因抵押物丧失赎回权而获得地下资源使用权的商业银行,有权将地下资源使用权转让给其他人,而无须遵守本部分规定的条款。

6. 因抵押物丧失赎回权而将许可证转让给他人,或转让许可证下等同于获得许可证的权利,需要支付吉尔吉斯共和国税法规定的地下资源税,但因民法规定的一般法律继承而转让许可证下的权利的情况除外。

7. 地下资源使用权的登记和重新登记程序受吉尔吉斯共和国政府决议批准的《地下资源使用许可程序条例》规范。

(根据吉尔吉斯共和国2020年3月23日第29号法律修订)

第39条 地下资源使用权许可证的变更、补充和转换

1. 经被许可人或许可人倡议,并经对方同意,可对地下资源使用权许可证及其协议进行修改和补充。

2. 地下资源使用的国家授权机关在30日内对地下资源使用权的许可证及其协议进行变更和补充。

3. 依照本法规定变更地下资源使用权许可证的,被许可人有权在许可证期

满前向地下资源使用的国家授权机关提出变更申请。

4. 对变更地下资源使用权许可证的申请,应在30个工作日内受理。

第五章　地下资源使用者与土地所有权人的关系

第40条　土地使用权

1. 已获得地下资源使用权的地下资源使用者,有机会在地下资源使用期内使用土地进行勘探、勘查作业,矿床开采和生产及基础设施建设。

2. 开展勘探、勘查、矿床开采、工业和基础设施建设等工作,不得进行土地权属流转。

3. 用于开采矿床、生产和基础设施建设的区块土地可供地下资源使用者临时使用。

4. 在地下资源地质研究(勘探和勘查)期间,不得进行土地转让。经土地所有权人的书面同意,地下资源使用者可进行地质研究。

5. 私人所有或临时使用的区块临时使用权,由区块所有人或土地使用权人与地下资源使用者根据所签协议授予。

6. 依照本法规定,地下资源使用权终止后,土地区块临时使用权自动终止。

地下资源使用的国家权力机关将地下资源使用权终止的情况通知国家授权的不动产权利登记机关。

7. 当地下资源使用权转让给第三方时,区块的临时使用权同时转让。

8. 地下资源使用之区块的权利授予程序由吉尔吉斯共和国政府规定。

9. 如果被许可人申请的区块已经划拨给了此前取得地下资源使用权许可证的被许可人,新的被许可人必须与土地所有权人协商,根据技术方案就使用该土地的程序达成一致。

10. 获得许可的区域,不论地下资源的类型如何,如果属于边界区域,必须获得吉尔吉斯共和国边界守卫的国家权力机关书面同意。

第41条　保障地下资源使用的透明度

1. 国家级地下资源区块登记册和拍卖簿,在地下资源使用的国家权力机关的网站和媒体上公布,并随时更新。

2. 地下资源使用权招投标和拍卖公告,必须在国际和国家大众媒体上公布,并在地下资源使用的国家权力机关的网站上公布,包括举行招投标和拍卖的日期及条件。

3. 招投标或拍卖的结果,在决定之日起 30 个工作日内,在地下资源使用的国家权力机关的网站上公布。会议记录应至少包括下列信息:投标或拍卖参与者名单、评标标准、投标或拍卖的中标者以及选择中标者的理由。

4. 终止地下资源使用权,应在地下资源使用的国家权力机关决定终止之日起 10 日内发布相应通知,并注明重新授予地下资源使用权的程序:招投标、拍卖或“先申请”原则。

5. 对已终止地下资源使用权的区块,按照“先申请”原则授予使用权的,地下资源使用的国家权力机关自登记之日起 10 日内,在其网站上发布重新申请许可证的公告。

6. 通过招投标或拍卖授予地下资源使用权许可证及其协议的,应于本法正式通过之日起 6 个月内在地下资源使用的国家权力机关网站上公布。

地下资源使用的国家权力机关为每份许可证编制了一份详细的数据清单,其中包括被许可人的姓名、许可面积的地理坐标、许可证申请日期、许可证签发日期、许可证的种类和有效期、受益人信息以及矿石类型。数据清单公布在地下资源使用的国家权力机关的网站上,并在新许可证或现行许可证重新签发之日起 10 日内更新。

第 42 条 土地临时使用权授予其他地下资源使用人区块的地役权

1. 在下列情况下,对于土地临时使用权授予其他地下资源使用人的区块产生自愿或根据法院判决确定的地役权:

1) 通过专用地对地方和国家级公路和铁路干线、水管线、石油天然气管线、电线和其他设施的服务和维修;

2) 为排除矿山用地中发生的事故,相对于从毗连地和(或)非毗连地,能够较快进入专用地;

3) 按照国家规划和计划,从事地质、地球物理、地形测量、矿山测绘、考古和其他勘查工作。

2. 对于临时使用权授予其他地下资源使用人的区块的地役权，适用吉尔吉斯共和国民法典和吉尔吉斯共和国土地法典规定的规则。

第六章　地下资源使用的国家调整

第 43 条　地下资源使用中国家对地下资源、环境保护和工业安全的监督

1. 地下资源使用中国家对地下资源、环境保护和工业安全的监督任务是：

1）所有地下资源使用者遵守有关地下资源、工业安全和环境保护的立法；

2）在地下资源使用中维护国家的经济利益；

3）防止、减少和消除地下资源使用的有害后果。

2. 未经地下资源使用的国家授权机关的同意，不得在国家地下资源储备用地的界限内组织特别自然保护区。

第 44 条　规范地下水使用

1. 在符合本条规定条件的情况下，未取得地下资源使用权许可证允许钻探水文地质井。

2. 未经工业安全、环境安全和地下防护等方面的专家鉴定，以及未经特别许可，不得钻探深度超过 30 米的水文地质井。

3. 地下水的选用必须经过许可，但为个人需求的非商业和消防的地下水选用除外。

第 45 条　水井的国家统计

1. 钻井或拥有 30 米以上水井的人，有义务在钻井完成之日起 30 日内，将该井的技术特性通知地下资源使用的国家授权机关。

地下资源使用的国家授权机关应当对水井进行统计和登记。

2. 如果违反本条第 1 款，根据行政责任法承担责任。

3. 如果钻井为私人所有，且流量允许，在征得水井所有人的同意后，地下水的使用者有权共同开采。

第 46 条　反垄断规定

任何下列行为将违反反垄断规定：

1）限制法人和自然人参加招投标、拍卖；

2）被许可人在地下资源地质研究和（或）矿床开采方面建立垄断地位；

3）歧视与在地下资源使用中占据优势地位的经营主体进行竞争的法人和自然人；

4）在授予进入毗连和非毗连专用地、矿山用地和地质用地的权利上差别对待。

第47条 保护具有特殊科学或文化价值的地下资源区块

1. 裸露地质层和古生物学客体以及具有特别科学和文化价值的其他地下资源区块，根据授权实施国家地下资源使用政策的国家机关鉴定结论可宣布为地质保护区、野生动物保护区、自然或文化遗迹。禁止任何破坏上述保护区自然或文化遗迹的活动。

2. 如果在地下资源使用中发现裸露地质层、陨石、古生物学、考古学和具有科学及文化价值的客体，地下资源使用人必须立即将此情况通报给授权实施国家地下资源使用政策的国家机关，并不得妨碍对其进行进一步的科学研究。

同时，在得到保护历史和文化遗迹的授权国家机关的同意之前，中止地下资源使用者的使用。

第48条 建设矿层区的条件

1. 在未收到授权实施国家地下资源使用政策的国家机关有关待开采地区（包括取水设施和卫生保护区）是否存在矿石（包括地下水）的信息之前，不得设计和兴建居民点、工业园区和其他设施。

2. 只有在下列情况下，并经地下资源使用的国家权力机关同意，才允许采掘矿层区的建设以及在其采掘矿石的位置上安置与开采矿石无关的地下设施：

1）如果由于未来的开采而导致的地表可计算变形对于所建设施未超过许可的程度；

2）如果所建设施位于已枯竭的矿床之上；

3）设施的建设和运行未违反水体保护的规定。

3. 未经许可擅自开采地下资源的，不退还已支出的土地复垦费和设施拆除费。

第49条 矿业资产的清算或封存

1. 对于在矿床开采过程中利用过的采矿财产，在继续利用将不具有经济合理性的情况下,以及在地下资源使用权终止或者中止的情况下,应对特定采矿财产进行清算或封存,并对区块进行复垦。在复垦之前,先进行采矿财产的清算或封存。

2. 予以封存的采矿财产,应当使财产和矿床均保持完好状态,并在停产期间保障居民和周围环境的安全。

3. 采矿财产清算或者封存的过程中,测绘、地质和技术文件交由地下资源使用的国家权力机关保管。

4. 与地下资源使用有关的采矿财产的清算和封存以及复垦区块的工作,均需根据技术方案进行。

5. 与地下资源使用有关的采矿财产的清算和封存以及区块复垦的程序依照吉尔吉斯共和国内阁批准的程序规定。

6. 与地下资源使用有关的采矿财产的清算和封存以及区块复垦的工作,均由被许可人按月提取并累积的土地复垦基金资助,此项基金从地质勘查或矿床开采、地下水开采或建造与矿床开采无关的地下设施开始即行提取。保护工程由地下资源使用者进行。

7. 在地下资源使用过程中破坏的土地,按照技术方案进行复垦。在地下水开采时,不需要进行土地复垦。

8. 复垦工程的费用由地下资源使用者承担。

9. 复垦工程由地下资源使用者通过财产担保或成立土地复垦基金予以保证。

10. 开展和验收复垦工程以及成立土地复垦基金或提供财产担保的程序,由吉尔吉斯共和国内阁制定。

11. 土地复垦基金应存入吉尔吉斯共和国内阁确定的银行,银行可通过贷款和投资有偿使用,用于吉尔吉斯共和国的经济发展。

土地复垦基金不能用于其他目的,包括用于清偿债权人的债务、缴纳欠税和海关税费。

12. 在企业破产、清算或地下资源使用者(个人)死亡的情况下,根据地下资源使用的国家权力机关的委托,土地复垦基金中的资金转入土地所有权人的结算账户，用于土地复垦工作。

13. 在地下资源使用权转让给第三方的情况下，包括抵押品丧失赎回权或根据一般继承程序转让地下资源使用权时，所有相关义务一并转移。

（由吉尔吉斯共和国 2021 年 6 月 26 日第 81 号法律修订）

第 50 条　技术方案的专家审查程序

1. 开展有关工作的技术方案，除地下水选用的项目外，均须审查是否符合工业安全、生态安全和保护地下资源的要求。

选择和使用地下水的项目必须符合生态安全的专家鉴定。

2. 负责审查的国家授权机关有义务从收到技术方案之日起在下列期限范围内进行所有预期的审查：

1）国家级地下资源客体——3 个月内；

2）所有其他地下资源客体——1 个月内。

3. 技术方案的独立审查由国家权力机关或专家提供。地下资源使用者有权申请对其技术方案进行工业安全和地下资源保护方面的独立审查，以取代国家审查。

国家级矿床、金属矿产、地下油气田区域的地下资源保护不得进行技术方案的独立审查。

在技术方案包括钻孔和爆破作业的情况下，国家级矿床、煤炭、金属矿物、地下油气田区域以及其他类型矿物的地下资源的工业安全不得进行技术方案的独立审查。

4. 专家审查结论在向地下资源使用的国家权力机关登记后生效。专家认证、专家审查和意见起草的程序由吉尔吉斯共和国内阁制定。

5. 专家根据吉尔吉斯共和国刑事立法对专家审查负责。

6. 对技术方案进行地下保护和对工业安全的审查及发表结论的程序，由吉尔吉斯共和国内阁批准。

第 51 条　地下资源使用税

1. 对于矿产资源利用人的现行税负，由吉尔吉斯共和国税法以及特许权协议法和产品分成协议法予以规定。

2.（根据吉尔吉斯共和国2020年3月23日第29号法律修订）

第七章　争议解决与违反地下资源法的责任

第52条　地下资源使用权争议解决程序

地下资源使用权争议事项，按照吉尔吉斯共和国法律规定的程序解决。

第53条　违反地下资源法的责任

1.其作为和不作为违反吉尔吉斯共和国地下资源法的过错人，依照吉尔吉斯共和国立法的规定承担行政、刑事和其他责任。

2.违反地下资源法的情形包括：

1）与地下资源使用有关，其方法对工作人员和居民的安全构成威胁、污染地下资源和周围环境的；

2）擅自建设矿石采掘层面的；

3）擅自使用地下资源的；

4）不合理选择矿床开采，在开采和加工矿石材料时造成超标准损耗矿石的；

5）向地下资源使用的国家授权机关提供不真实信息的；

6）清除或损坏地下水监测井、测绘和地测标志的；

7）在矿床开采、与矿床开采无关的地下设施建设和运营、土地复垦、地下资源地质研究过程中未按要求提取土地复垦基金资金的；

8）未按要求清理或封存矿山器材的；

9）侵犯地下资源信息所有权或者其保密性的。

3.国家机关、地方行政机构和地方自治机关的公职人员违反吉尔吉斯共和国关于地下资源法的情形包括：

1）未授予或者违反期限授予、延长地下资源、地下资源使用专用区块使用权许可证，违反期限审议地质报告、工程计划等情形；

2）未履行或未适当履行吉尔吉斯共和国地下资源法；

3）未采取措施制止非法干扰地下资源使用者的活动；

4）其他违反吉尔吉斯共和国法律和规范性法律文件的行为。

公职人员应对导致违反吉尔吉斯共和国立法和其他规范性法律文件的作为和(或)不作为负责。

4. 擅自从事地下资源开发和(或)使用地下资源受到的损失,国家不予补偿。

5. 擅自使用地下资源所得的收益归国家所有。

第 54 条 损害赔偿

1. 对地下资源使用者或国家的损失予以的赔偿,按照吉尔吉斯共和国立法规定的情形和程序进行。

2. 法人和自然人、国家机关和地方行政机关以及地方自治机关的作为或不作为造成了地下资源自然属性的恶化,并造成地下资源的使用条件部分或全部丧失的,应当依法对地下资源使用者的损失进行赔偿。

3. 地下资源使用人赔偿国家损失的数额,根据地下资源使用人的过错并依其造成储量丧失经济意义的数量和价值确定,如果是非法使用地下资源,则根据非法获得和(或)因这种活动而损失储量的价值确定赔偿数额。

由于地下水观测井的损失或损坏造成的损失应由土地使用者赔偿,数额相当于建造类似水井的费用。

损失计算和追偿程序由吉尔吉斯共和国内阁制定。

4. 如果由于法人、自然人和国家机关、地方机关公职人员的过错而无故终止或中止地下资源使用权,地下资源使用者可以向法院请求过错人承担强行停工造成的经济损失的全额赔偿。

第八章 附则和过渡条款

第 55 条 过渡条款

1. 在吉尔吉斯共和国 2012 年 8 月 9 日第 160 号《地下资源法》生效前获得地下资源使用权许可证的地下资源使用者,有权在许可条件的任何履行阶段(设计或工作完成)根据当前技术方案调整许可面积的角点坐标。

2. 本法实施前签发的不符合本法第 31 条规定的地下资源使用权许可证,在有效期届满后,不得续期。

3. 为商业目的采集矿物学、古生物学收藏品，为装饰目的收集石材并将其用作装饰石材和建筑材料而持有地下资源使用权许可证的人，必须自本法施行之日起6个月内，申请换发本法规定的其他类型的地下资源使用权许可证。

地下资源使用的国家权力机关，对地下资源使用权许可证的重新颁发申请，在该地下资源尚未颁发使用权许可证的情况下，自重新登记之日起3个月内，有义务重新颁发地下资源使用权许可证。

为商业或装饰目的收集矿石、石材、古生物学收藏品并将其用作装饰石材和建筑材料而获得的地下资源使用权许可证，在本款规定的期限内，其所有人未提出重新签发用于其他类型地下资源目的的申请的，应予注销。

4. 为商业或装饰目的收集矿石、石材、古生物学收藏品并将其用作装饰石材和建筑材料而获得的地下资源使用权许可证，其保留费的计算从根据本条第3款更新许可证之日起开始。

5. 用于边界河道或河岸工程的地下资源使用权许可证，有效期至其效力期限届满为止，不得续期。

6. 为勘查砂石和壤土而获得的地下资源使用权许可证的地下资源使用者（本条第5款规定的地下资源使用者除外），有权根据地下资源使用权许可证上的类型继续工作，根据本法及随后的细则规范将地下资源使用权许可证的类型从地质勘查转为矿床开采。

7. 本法实施前签发的地下资源使用权许可证，按照本法第21条的规定，保留其有效期，只能延期一次。

（根据吉尔吉斯共和国2019年7月8日第81号、2020年3月23日第29号法律修订）

第56条 关于本法生效的程序

1. 本法自正式公布之日起一个月期满后生效。

本法第50条第3款和第4款自2017年2月2日第19号《吉尔吉斯共和国刑法典》生效之日起生效。

2. 吉尔吉斯共和国政府在6个月内根据本法制定规范性法律文件。

3. 自本法生效之日起，下列文件失效：

1)2012 年 8 月 9 日第 160 号文件通过的吉尔吉斯共和国《地下资源法》(《吉尔吉斯共和国议会公报》2012 年第 7 号文件,第 2771 条);

2)2014 年 5 月 24 日第 77 号文件通过的吉尔吉斯共和国《关于〈地下资源法〉的修正和补充》(《吉尔吉斯共和国议会公报》2014 年第 5 号文件,第 359 条);

3)2017 年 2 月 28 日第 36 号文件通过的关于《吉尔吉斯共和国个别法规修正案》第 2 条(《吉尔吉斯共和国行政责任法典》《吉尔吉斯共和国地下资源法》)(《吉尔吉斯共和国议会公报》2017 年第 2/2 号文件,第 96 条);

4)2017 年 4 月 19 日颁布第 62 号文件通过的关于《吉尔吉斯共和国个别法规修正案》第 2 条(《吉尔吉斯共和国税法典》《吉尔吉斯共和国地下资源法》)(《吉尔吉斯共和国议会公报》2017 年第 4 号文件,第 289 条)。

吉尔吉斯共和国总统

索隆拜·热恩别科夫(S. Jeenbekov)